本书由2015年湖北省社会科学基金项目"区域科技金融发展水平与高新技术企业融资效率研究"资助出版

# 区域科技金融发展水平与高新技术企业融资效率研究

翟华云 著

中国社会科学出版社

**图书在版编目（CIP）数据**

区域科技金融发展水平与高新技术企业融资效率研究/翟华云著．—北京：中国社会科学出版社，2016.3

ISBN 978 – 7 – 5161 – 7840 – 9

Ⅰ．①区…　Ⅱ．①翟…　Ⅲ．①高技术企业—融资—研究—中国　Ⅳ．①F279.244.4

中国版本图书馆 CIP 数据核字（2016）第 057544 号

| | | |
|---|---|---|
| 出 版 人 | 赵剑英 |
| 责任编辑 | 卢小生 |
| 特约编辑 | 林 木 |
| 责任校对 | 周晓东 |
| 责任印制 | 王 超 |

| | | |
|---|---|---|
| 出　　　版 | 中国社会科学出版社 |
| 社　　　址 | 北京鼓楼西大街甲 158 号 |
| 邮　　　编 | 100720 |
| 网　　　址 | http：//www.csspw.cn |
| 发 行 部 | 010 – 84083685 |
| 门 市 部 | 010 – 84029450 |
| 经　　　销 | 新华书店及其他书店 |

| | | |
|---|---|---|
| 印　　　刷 | 北京金瀑印刷有限责任公司 |
| 装　　　订 | 廊坊市广阳区广增装订厂 |
| 版　　　次 | 2016 年 3 月第 1 版 |
| 印　　　次 | 2016 年 3 月第 1 次印刷 |

| | | |
|---|---|---|
| 开　　　本 | 710×1000　1/16 |
| 印　　　张 | 10.75 |
| 插　　　页 | 2 |
| 字　　　数 | 182 千字 |
| 定　　　价 | 40.00 元 |

凡购买中国社会科学出版社图书，如有质量问题请与本社营销中心联系调换
电话：010 – 84083683

# 目 录

# 第一章 绪论

## 第一节 研究背景及研究意义

### 一 研究背景

#### (一) 中国发展高新技术企业的紧迫性

党的十八大指出：实施创新驱动发展，建设国家创新体系，进入创新型国家行列，这是当前我国经济社会发展的目标。因此，作为经济发展微观主体的高新技术企业，对我国实施科技创新战略具有极其重要的作用。十八大还指出：经济增速放缓、结构性矛盾更加明显、资源环境约束更趋强化是当前我国经济社会发展面临的主要问题。因此，加快转变经济发展方式是我国当前及今后经济社会发展的战略抉择，而发展高新技术企业是引导未来经济社会发展的重要力量，对支撑我国产业结构升级、引领经济发展方式转变以及实现经济社会可持续发展具有重要战略意义。2013 年统计显示，我国高新技术企业21682 家，占全国企业总数量（197664 家）的 10.97%；高新技术产业总产值为 88433.85 亿元，占全国 GDP（576551.8 亿元）的15.34%，我国高新技术企业占全国的比重并不高。可见，要想引领经济发展方式转变，实现产业结构升级，尽快步入创新型国家行列，必须加快发展高新技术企业。

#### (二) 科技金融发展水平低且区域间不平衡

伴随着创建创新型国家，国家和金融机构都加大了对科技活动的投入，我国科技金融水平在不断提高，但统计显示，截至 2012 年，我国科技经费支出 1029.84 亿元，而来自金融贷款的科技经费只有 351.59 亿元，占 3.4%，可见，我国金融对科技活动的支持力度非常不足；其次，我国科技金融发展呈现出区域不平衡状态，北京、上海等东部地区科技金融发展较快，而中部和西部地区科技金融发展水平较低；据曹颢等（2011）对地区科技金融的测定结果，我国区域间科技金融发展差距在进一步拉大；因此，在提高我国科技金融整体水平的同时，也应关注区域间科技金融的协同发展。

（三）高新技术企业的发展需要科技金融的深层次融合

目前面临的问题是：我国区域间经济发展不平衡，高新技术企业发展缓慢。高新技术企业的特点是风险大、收益高，主要以科技和智力为主要生产要素，需要不断创新，资金是其发展的关键，因此，高新技术企业的发展过程中，科技资源和金融资源是其最主要的两个因素，科技产业和金融产业融合的过程，也是高新技术企业融资的过程，科技金融发展较好的地区，会在金融组织创新、金融产品创新、服务模式创新以及制度方面考虑到高新技术企业的需求，金融机构在提供给高新技术企业资金的同时，也会和该企业科技创新相结合，因此能提高该企业的资金利用水平，进而促进高新技术企业的发展。

本书以高新技术企业发展为主线，研究高新技术企业融资效率，并设计指标体系，测定各区域科技金融发展水平，验证科技金融发展水平如何影响高新技术企业融资效率，以及科技金融发展水平如何通过影响研发投资、进而影响企业成长性，如何通过完善科技金融支持体系和相关政策使高新技术企业能够实现可持续发展。

## 二 研究意义

科技金融和高新技术企业发展都是目前关注的重要问题，科技金融对高新技术企业的发展具有至关重要的作用。

（一）理论意义

本书从科技金融发展水平方面研究了其对高新技术企业融资效率的影响，力图从政府、金融机构等多方面的合作入手解决科技金融发展和高新技术企业融资效率问题，构建一个适合我国高新技术企业发展的科技金融支持框架体系，可以进一步丰富该领域的理论研究成果。

（二）实践意义

提高高新技术企业融资效率问题，是当前我国经济方式转变、实现创新型国家的重要环节，科技金融的发展是高新技术企业融资效率提高的关键途径，这些都需要政府、金融机构、高新技术企业等多方面的合作，本书通过构建科技金融支持体系，加大政府的引导和促进作用，推动进行金融产品创新，搭建科技金融服务平台，实施科技金融机制体制创新，逐步解决我国高新技术企业融资难问题，对促进我国高新技术企业与科技金融支持体系和经济的共同协调发展有实践指导意义。

# 第二节　研究内容与研究思路

## 一　研究内容

本书由五部分构成。

（一）文献回顾与理论分析

本部分包括文献回顾、科技金融和高新技术企业融资效率的理论分析。

1. 文献回顾

主要从科技金融发展研究、高新技术企业融资效率研究以及科技金融对高新技术企业融资影响方面梳理了国内外文献，并对文献进行了评述，中外学者相关研究为本课题提供了借鉴和思路。在研究内容上，国内对科技金融发展的测量研究较少，而且集中在宏观或中观某一方面论述科技金融发展问题，且多注重定性分析，鲜有文献从深层次系统且结合定量研究讨论科技金融发展水平对高新技术企业融资效率的影响。上述研究存在几个待补充和完善的方面：一是研究我国区域科技金融发展水平的差异；二是区域科技金融发展水平如何影响高新技术企业融资效率；三是如何通过金融产品创新、机制体制创新、科技金融支持体系的完善以及政府的扶持和引导，有效地解决高新技术企业融资，并更有效地使用资金的问题，予以理论上的解答和论证，这一点是本书重点探讨的问题。

2. 理论分析

本部分以马克思的社会再生产理论、可持续发展理论、区域经济发展理论、融资约束理论以及金融成长周期理论作为本书研究的理论基础，并运用这些基础理论分析了金融影响高新技术企业发展的作用机理。

（二）区域科技金融发展现状与水平测定

本部分在借鉴国外创新系统、《高科技产业统计年鉴》以及我国学者对科技金融发展指数的相关研究基础之上，构建科技金融发展指数，以此测定各区域科技金融发展水平，这些指标包括科技投入和产出方面。其中，科技投入包括科技人力和机构投入、科技金融经费投入、科技金融贷款投入；科技产出具体指科技金融投入所产生的效果，包括论文、专利、合同等方面。通过选择 10 个二级指标、4 个一级指标，对 2001—2012 年各区域的科技金融发展水平进行了测定，发现：从全国来看，科技金融发展水平处于增长趋势，由 2001 年的 18.14 增加到 2012 年的 36.17，增加 0.99 倍，但是，也可以看出，我国科技金融发展水平整体还处于较低状态。2001—2012 年，除海南地区外，其他地区的科技金融水平都处在增长状态；虽然各地区科技金融发展水平在不断提高，但区域间的差距在不断拉大。从区域科技金融发展水平来看，与中部地区相比，西部地区科技金融发展水平虽远远落后于东部地区，但略胜于中部地区；从增长速度来看，东部地区科技金融发展水平增长趋势比中部地区和西部地区要快，中部地区和西部地区的增长不分上下。

（三）区域科技金融发展水平对高新技术企业融资效率研究

本部分采用数据包络分析（DEA）方法评价高新技术企业融资效率，从2007—2013年全国高新技术企业融资效率来看，综合技术效率和规模效率处于增长趋势，而纯技术效率维持在一定水平；从综合技术效率来看，东部地区起点较高，而在后续增长不足，中部地区起点次之，随后的年份增长较大，而且在2007—2013年综合技术效率均值最高；从纯技术效率来看，东部地区不管是从起点也好，还是后续增长，都不如中部地区和西部地区；从规模效率来看，东部地区起点较高，在后续也有所增长，并且在2007—2013年规模效率均值最高，西部地区起点次之，随后的年份增长较大。然后以中国高新技术上市公司2007—2013年数据为样本，结合中国各地区科技金融发展水平，实证检验了区域科技金融发展水平对高新技术企业融资效率的影响。研究发现，随着我国科技金融融合的进程化推进，区域科技金融的发展有利于高新技术企业融资效率的提高，而且在上市年限较短的高新技术企业中，这种积极作用更为明显。另外，在进一步加入政府干预指数后发现，政府干预会阻碍区域科技金融发展水平对高新技术企业融资效率的积极作用。

（四）区域科技金融发展、R&D投入与高新技术企业成长性研究

本部分以深沪两市2008—2011年高新技术企业的2278家A股上市公司为样本，首先采用全样本分析科技金融发展对R&D投入及企业成长性的影响，然后对比分析不同地区科技金融发展对R&D投入及企业成长性的影响差异，结果发现：公司R&D投入比重越大，公司的成长会越快，即高R&D投入的公司会发展更快，这种作用在科技金融发展水平较高的地区更加明显。

（五）政策建议

本部分从构建科技金融支持体系、创新科技金融机制体制、强化政府的引导和促进功能、完善科技金融市场融资体系、健全科技金融产品体系以及建立系统性科技金融服务平台六个方面提出相关建议。在构建科技金融支持体系方面，包括科技金融的供给方、需求方、中

介服务、机制体制和政策等方面。在供给方，主要包括政府、科技金融市场以及科技金融市场在提供资金时使用的金融工具，科技金融市场主要包括两大部分：科技金融机构和个人，科技金融机构又包括银行、创业风险投资、科技资本市场等金融机构，个人主要包括民间投资和天使投资。科技金融支持体系中的需求方主要指科技型企业，科技金融服务平台主要指中介服务，包括担保机构、信用评级机构、咨询机构、审计机构、评估机构以及联系中介机构。在科技金融机制体制创新方面，一是完善科技金融法律保障机制，二是创新科技金融与非金融组织形式，三是创新协调机制；在强化政府的引导和促进功能方面，首先，政府可以采取财政拨款方式直接支持高新技术企业的发展，还可以通过参股设立科技风险投资基金，引导民间资本、金融资本向高新技术企业配置；其次，对于对高新技术企业投资或贷款的金融机构、企业或个人，除应给予一定的税收优惠政策外，还应给予一定的资金配套；最后，对于科技金融发展较落后地区，政府应该采取一系列措施吸引人才、资金到这些地区来，制定人才引进激励机制，设置绿色通道，为科技金融人才的甄选、引进、工作提供便利；在完善科技金融市场融资体系方面，要建立完备的科技金融股权投资市场、证券市场和信用担保市场。在健全科技金融产品体系方面，利用互联网金融，创新信贷产品；在建立系统性科技金融服务平台方面，要完善高新技术行业担保平台、评估、审计中介组织体系和信用平台。

## 二 研究思路

基于对科技金融和高新技术企业融资的现实研究和理论基础分析，揭示科技金融发展对高新技术企业融资效率的作用机理。然后基于对科技金融发展的现状和水平测定的基础，实证检验高新技术企业融资效率、区域科技金融对高新技术企业融资效率的影响，再检验区域科技金融发展对 R&D 投入的影响，进而影响高新技术企业的成长性，为区域科技金融发展影响高新技术企业融资效率找出路径。最后，从构建科技金融支持体系、创新科技金融机制体制、强化政府的引导和促进功能、完善科技金融市场融资体系、健全科技金融产品体系以及建立系统性科技金融服务平台方面提出提高我国区域科技金融发展水平，促进高新技术企业发展的思路对策。基本思路如图 1 - 1 所示。

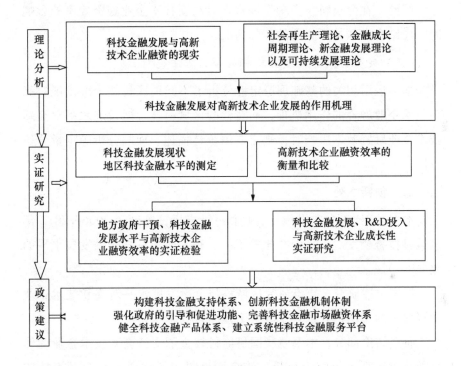

图 1 - 1 本书基本思路

# 第三节 研究方法与可能的创新之处

## 一 研究方法

### （一）实证分析与规范分析并用的方法

运用 DEA 及回归分析等方法，对区域科技金融发展水平、高新技术企业融资效率及其相互之间的影响进行实证检验。而对实证结果进行比较研究、归纳分析并提出政策性建议则运用规范研究方法。

（二）理论与实际相结合的方法

金融支持问题具有一定的理论基础，但是，不同地区的高新技术企业，由于科技金融发展程度不同，其融资及融资效率应该具有差异性。因此，在分析科技金融发展水平对高新技术企业融资效率的影响时，应结合高新技术企业的实际情况。

（三）定性分析和定量分析相结合的方法

本书运用相关的基础理论定性分析了不同地区科技金融发展对高新技术企业融资的作用机理，而在检验区域科技金融发展水平对高新技术企业融资效率影响时，则需要用统计描述、回归分析等定量分析方法。

## 二 创新之处

本书采用 10 个二级指标、4 个一级指标，测度了 2006—2012 年区域科技金融发展水平，并比较了中、东、西部科技金融发展水平的差异。

根据上述研究，重点研究区域科技金融发展水平对高新技术企业融资效率的影响，并加入了政府干预因素的影响。

研究结论部分，本书就我国目前科技金融支持高新技术企业的体系和政策进行系统综合分析，较全面地提出了构建科技金融支持体系、创新科技金融机制体制、强化政府的引导和促进功能、完善科技金融市场融资体系、健全科技金融产品体系以及建立系统性科技金融服务平台等对策思路。

# 第二章　文献回顾与理论分析

## 第一节　文献回顾

### 一　国外相关研究

国外研究大部分集中在金融发展影响经济增长、资本配置效率，进而影响产业效率方面，而关于科技金融对高新技术企业融资效率影响方面，目前尚极少研究。

#### （一）金融发展对经济增长的影响

最早关于金融发展对经济增长的影响研究是熊彼特（Schumpeter，1911）。他认为，技术创新和经济发展是金融机构服务的对象，而且，金融中介提供的功能也是促进技术创新和经济发展的最大动力，金融中介的功能包括储蓄功能、风险评估和规避功能等。[①] 在利用跨国数据验证金融发展对经济增长的作用中，戈德史密斯（Goldsmith，1969）[②] 认为，金融的比率可以反映金融结构与经济基础之间的关系，基于此，他发现了金融发展对经济增长的促进作用，但并没有发现它们之间的因果关系。随后，金和莱文（King and Levine，1993）[③]

---

① Schumpeter, J. A., "*The Theory of Economic Development*". Harvard University Press, 1911, p. 24.

② Goldsmith, R. W., "*Financial Structure and Development*". Yale University Press, 1969, p. 135.

③ King, R., Levine, R., "Finance and Growth: Sehumpeter May be Right?". *Quarterly Journal of Eeonomics*, No. 3, 1993, p. 719.

的研究确定了它们之间的关系，这个因果关系的建立是通过 80 个国家的数据验证得到，它用人均 GDP 增长、资本积累率以及生产率来衡量经济增长，发现一国的金融发展可以提高该国的经济增长水平（Levine and Zervos, 1998；Levine, 1999；Beck, Levine and Loyaza, 2000[①]）。Luigi Guiso、Paola Sapicnz 和 Luigi Zingales（2002）的研究拓展到区域金融发展和区域经济增长领域，他们构造了区域金融发展指数，并用自己构造的金融发展指数检验了区域金融发展对区域经济的影响。而有些学者的观点则与他相反，认为金融对经济发展没有作用。比如罗宾逊（Robinson, 1952）认为，虽然表面上看到随着一国的金融发展，该国的经济也增长了，实质上只是经济增长带动了该国金融的发展；卢卡斯（Lucas, 1988）认为，学者们过度地强调了金融对经济增长的作用，金融发展对一国经济增长的促进作用并不明显。[②] 随后的研究进入到了金融发展对微观企业的影响，洛夫（Love, 2003）认为，经济增长的微观构成是企业，金融发展对经济增长的影响机理可以通过研究金融发展对企业行为影响来发现。Beck Demiruc - Kunt 与 Levine（2007）[③] 研究发现金融发展可以降低贫困与不平等（Bittencourt, 2010），Butler 和 Cornaggia（2011）研究发现金融可获得性可以有效地促进生产率增长[④]，Cheng 和 Degyrse（2010）则发现金融发展对中国经济增长具有显著正面作用。[⑤]

（二）金融发展对技术创新影响研究

银行在对企业或项目授信的时候会进行考察，一般会选择企业的

---

① Beck, T., Levine, R. and Loyaza, N. V., "Financial Intermediation and Growth: Causality and Causes". *Journal of Monetary Economics*, No. 1, 2000, p. 40.

② Lucas, R. E., "On the Mechanics of Economic Development". *Journal of Monetary Eeonomics*, No. 1, 1988, p. 12. King, R., Levine, R., "Finance and Growth: Sehumpeter May be Right?". *Quarterly Journal of Eeonomics*, No. 3, 1993, p. 723.

③ Beck, H. T. L., Demiruc - Kunt, A. and Levine, R., "Finance, Inequality and the Poor". *Journal of Eeonomic Growth*, No. 12, 2007, p. 34.

④ Butler, A. W., Cornaggia J., "Does Access to External Finance Improve Productivity?", Evidence from a Natural Experiment. *Journal of Financial Eeonomics*, No. 1, 2011, p. 198.

⑤ Cheng, X., Degryse, H. A., "The impact of Bank and Non - Bank Financial lnstitutions on Local Economic Growth in China". *Journal of Financial Services Researeh*, No. 2, 2010, p. 186.

盈利指标进行考察，根据盈利可能性对企业授信，King 和 Levine
（1993）根据银行这一现象分析认为，银行对营利性企业或项目的支
持推动了科技创新的发展。银行对企业创新的作用证据在意大利也有
体现，Herrera（2007）研究发现，银行对技术创新的作用体现在：企
业和银行之间的信贷关系对企业的技术创新有促进作用，企业和银行
之间的信贷关系越长，促进作用越明显，原因在于银行具有收集信息
的作用。Luigi、Fabio 和 Alessandro（2008）也在意大利发现了相似的
证据，银行业的发展程度对企业的技术创新有显著影响。在风险投资
方面，Caprio 和 Spisni（1994）认为，科技创新需要风险投资，因为
风险投资从科技型企业创立开始，到企业最后的衰退，始终贯穿其
中。Kortum 和 Lerne（2000）根据自己建立的生产函数模型，这个模
型包括风险投资资本、研发费用以及创新产出这些要素，并用美国数
据对建立的生产函数进行检验，发现风险投资有利于专利的产生。
Audretsch 和 Lehmann（2004）检验了德国公司对风险投资的喜爱程
度，在德国创业板上市公司中，更多的中小型企业青睐风险投资，并
且风险投资家的管理经验对中小企业的成长具有重要作用。风险投资
对技术创新的作用还体现在中国台湾地区和英国，这在 Tang 和 Chyi
（2008）以及 Parris 和 Demirel（2010）的研究中得到体现。Tang 和
Chyi（2008）研究发现，中国台湾地区风险投资对该地区的技术进步
有显著的促进作用。在英国公司方面，Parris 和 Demirel（2010）研究
了新能源企业的技术创新，发现风险投资对该类型企业技术创新有很
大支持作用。在创业投资方面，卡普兰（Kaplan，2003）指出，创业
投资对科技型企业融资的帮助主要是在处于种子期和初创期的企业，
创业投资的介入，可以缩短科技型企业在种子期和初创期的成长周
期。霍尔（Hall，2002）分析认为，创业投资对科技创新的作用在
于：可以减少科技创新中出现的信息不对称和道德风险，还可以减少
科技创新中的融资成本。在民间借贷方面，奥肯（Auken，2001，
2002）也提出了自己的观点，他根据 Bhide（1992）创立的 Bootstrap
融资理论，分析了民间借贷资本对中小科技企业融资的促进作用，并
完善了民间借贷资本促进中小科技企业融资的路径。在金融体系方

面，市场主导型金融体系和银行主导型金融体系对国家科技进步的作用不同，通过对不同国家金融体系结构与科技进步之间关系的分析，Adesse（2006）发现，对国家科技进步的促进最有效的是市场主导型金融体系。通过从全要素生产率的增长率中分解出来的金融深化效应，Jeong 和 Towsend（2007）检验了金融深化对技术创新的推动作用，发现两者之间有显著的正向关系。在欧盟共同体的科技创新中，Alessandra 和 Stoneman（2008）发现金融对英国创新有明显的促进作用，这种作用在高新技术企业以及科技型中小企业中更为明显。

### （三）金融发展对高新技术企业影响研究

国外关于金融支持高新技术企业方面研究极少，赫希曼（Hirschman，1958）谈到了不平衡发展战略，由于发展中国家现有资源的稀缺，在产业发展中，国家应该首先集中资源发展一部分对经济有影响的重点产业，然后再以这些产业为带动力，来带动其他产业的投资和发展。希克斯（Hicks，1969）研究了金融对产业发展的重要性，他认为，金融的发展可以促使资本积累的完成，资本积累又可以促使技术创新，而这些最终会在产业发展中起作用，技术创新会使产业得到升级，从而调整了产业结构。在金融发展与产业结构的关系研究中，戈德史密斯（1969）认为，金融发展和产业结构之间是一个相互作用的动态关系，即金融发展与产业结构具有相互推动的作用，这种交互式推动的过程，一方面体现在金融发展对产业结构的影响，另一方面是产业结构对金融发展的影响。在 Rajan（1998）的研究中，他们验证了金融发展对产业结构的影响，认为，金融发展是通过影响产业规模和集中度，从而影响了企业成长。Wurgler（2000）和 Fishman（2003）等的研究结论也显示出金融发展对产业结构调整有促进作用（Greenwood，1990；King，1993；P. Arestis，1997；Beck，2000）。Rajan 和 Zingales（1998）认为，每个国家金融体系发展程度不同，这种不同的程度会影响产业的技术创新，而且对不同技术创新特点的产业影响也不同，从而影响了产业发展[①]；Marco DaRin 和 Thomas Hellmann（2002）研究了金融市场中的商业银行对产业成长的作用认为，银行有利于产业结构优化升级，主要是通过促进高新产业发展，淘汰夕阳产业来完成。[②] Claesaens 和 Laeven（2003）研究了金融发展对行业成长性的影响，在对跨国数据检验的基础上，他们发现，金融市场的发展程度与行业成长性正相关，越是依赖外部融资的行业，这种相关性越明显。Fisman 和 Love（2003）基于跨国数据，检验了金融市场发展水平对产业增长率的影响，研究发现金融市场与产业增长率显著正相关，即一国金融市场发展水平越高，该国产业增长率也越高。Svalery 和 Vlachos（2005）以经济合作与发展组织国家为研究样本，验证了资本市场与产业专业化之间的关系，检验结果证实资本市场对产业专业化有促进作用。[③] 在关于金融支持产业发展的效率方面，Suo 和 Wang（2009）以 DEA 方法测度了金融支持农业规模化发展、农民收入增长方面的效率问题，并用 LOGIT 模型证明金融支持是农业发展的重要影响因素。Simara 和 Wilson（2007）[④] 提倡用 DEA – Tobit 两阶段方法来评价金融支持高新技术企业的效率及其影响因素（Chilingerian and Sherman，2004；Ruggiero，2004）。

在对金融发展影响产业结构研究的同时，有学者开始关注金融发展与企业的关系，用来剖析金融发展对产业结构的影响。高新技术企业在发展的过程中一直面临着资金不足和融资困难的问题，Moore（1994）和 Oakey（1995）等提出了相关的政策建议，可以充分利用"天使投资"资金和专业风险投资机构，这些资金能有效地解决高新

① Raghuram G. Rajan, Luigi Zingales, "Financial Dependence and Growth". *The American Economic Review*, Vol. 88, No. 3, 1998, p. 576.

② Marco DaRin and Thomas Hellmann, "Banks as Catalysts for Industrialization". *Financial Intermediation*, No. 10, 2002, p. 387.

③ Helena Svalery, Jonas Vlachos, "Financial Markets, the Pattern of Industrial Specialization and Comparative Advantage: Evidence from OECD Countries". *European Economic Review*, No. 49, 2005, p. 132.

④ Leopold Simara and Paul W. Wilson, "Estimation and Inference in Two – stage, Semi – parametric Models of Production Processes". *Journal of Econometrics*, Vol. 136, No. 1, 2007, p. 54.

技术企业资金不足问题。Rajan 和 Wurgler（1998）研究了金融如何通过影响企业，进而影响产业的发展。他们认为，金融体系对企业融资成本和盈利有影响，完善的金融体系可以通过减少信息不对称等方面降低企业融资成本，进而增加企业利润，以达到促进该类产业增长的目的。Demirguc – kunt 和 Maksimovic（1998）研究了股票市场对企业发展的作用，在对 30 多个国家企业层面的数据进行检验后发现，金融对企业发展具有重要影响，能够进行上市融资的企业，其增长性更高，说明股票融资有利于企业发展。就美国资本市场而言，风险资本市场可以有效地为高新技术企业提供融资，这一点在罗纳德·吉尔森（Ronald Gilson，1998）的研究中有所体现，他指出，美国风险资本市场的建立有很重要的意义，为高新技术企业提供了大量资金。美国的创业板资本市场对高新技术企业的融资也提供了很大的帮助，Yiuman Sue 和 Eric Oxios（2004）认为，如果高新技术企业从 Amex 市场转到创业板资本市场时，投资者会更加愿意投资此类公司。Demetriades 等（2008）对中国银行业是否能够促进企业全要素生产率进行了研究，通过对 1999—2005 年的制造业为样本，检验后发现中国银行业发展与企业全要素生产率正相关。[1] Ayyagari 等（2010）对中国企业进行调查发现，正规的银行体系可以更有效地促进企业成长。[2]

## 二 国内相关研究

### （一）科技金融相关研究

#### 1. 科技金融的界定

房汉廷（2010）认为，科技金融是同质的燃料（金融资本）通过异质引擎（科学技术）的配置，可以发挥异质速度回报的过程。

段世德和徐璇（2011）规划了科技金融的发展过程，首先是金融机制做引导，在金融发展的过程中加入科技创新的特质，使科技创新

---

[1] Demetriades, P. , J. Du, S. Girma and C. Xu, "Does the Chinese Banking System Promote the Growth of Firms", University of Leicester Working Paper, 2008, p. 9.

[2] Ayyagari, M. , A. Demirgus – Kunt and V. Maksimovic, "Fromal versus Informal Financance: Evidence from China". *Review of Financial Studies*, Vol. 23, No. 8, 2010, p. 3056.

能够资本化，在资本化过程中实现金融资本的高回报。

洪银兴（2011）认为，科技金融在自身特定的范围内发挥作用，作用过程可以描述为：通过金融资本的帮助，使科技成果转化为资本，在资本循环的过程中实现高新技术企业产业化，整个过程是在金融资本的帮助下完成。

裴平（2011）将科技金融界定为：科技创新体系和金融体系通过某种方式相互融合，并为高新技术企业的基础研究、技术开发、成果转换提供金融支持，这一系列的工具、服务和制度安排就是科技金融。

肖嫚（2012）的观点与段世德和徐璇（2011）基本一致，除了金融机构引导之外，她认为还需要金融和产业紧密结合，技术创新要紧密联系市场，增强资本投入的边际效率。

徐玉莲（2012）的观点是，科技金融和科技创新是两个不同的系统，这两者之间要相互协同、相互匹配，整个系统才会实现最佳的资源配置。

汪泉和史先诚（2013）认为，科技金融的目的是科技创新，引导金融资本以定向性、可持续性等特点投入到科技企业的一系列金融活动。

2. 科技金融运行模式

杨勇（2011）通过研究国内外科技金融的四种模式以及广东省科技金融存在的问题，在结合自身特点的基础上提出了广东省科技金融结合模式。

徐玉莲、王玉冬和林艳（2011）通过建立包括科技创新能力的4个一级指标和包括科技金融发展水平的2个一级指标，并赋予其相应权重的耦合协调度评价体系，然后再通过选取我国25个省级区域的2008年相关统计数据进行实证研究，发现我国科技创新与科技金融的耦合程度普遍偏低，进一步说，科技金融滞后于科技创新。

游达明和朱桂菊（2011）通过对科技金融服务平台的原则、功能、结构的深入研究，在此基础上提出了区域性科技金融服务平台，并介绍了其运行模式。

消泽磊、韩顺法和易志高（2011）提出，科技金融创新体系的良性发展需要区分差异，不管是地区经济差异还是科技企业不同发展阶段的差异等，针对不同的情况构建相应的配套措施机制。

姗娜（2011）通过借助国内科技金融、高新技术产业、生命周期等相关理论，围绕"科技金融的结合机制"这一核心问题，解释了高新技术企业不同发展阶段与不同的融资渠道相匹配的原理，以及政府在企业不同发展阶段支持政策不同的原因；并结合杭州市科技金融发展现状，从风险投资角度给出了改进建议。

王宏起和徐玉莲（2012）通过对2000—2010年的有关数据实证研究了科技金融和科技创新协同关系，研究结果表明，科技金融与科技创新的有机整合协同发展机制尚未形成良性循环。

赵天一（2013）分析了科技金融的内涵及特点，围绕战略性新兴产业的融资需要，从公共科技金融、混合科技金融和市场科技金融方面构建了科技金融支持体系和路径。

王启利（2013）对甘肃省科技金融发展现状进行了分析，结合本地的资源，提出了发展战略措施，包括现有财政科技资金的引导、发展银行科技贷款，以及发挥科技金融中介组织的服务功能等途径。

回广睿（2014）运用数据包络法对我国科技金融效率进行了测定，结果发现，2005—2011年，我国科技金融整体水平起步晚，发展慢；在区域科技金融发展水平方面，东部地区效率最高，西部地区次之，中部地区效率最差；在影响因素中，政府、金融市场及企业都是影响科技金融发展的主要因素。

3. 科技金融发展建议

周昌发（2011）通过对科技创新和金融的相互关系，分析我国科技金融的现状和问题，认为建立有效的保障机制是促进我国科技金融发展和转变我国经济增长方式，调整经济结构的有力支撑。

徐玉莲（2012）以黑龙江省为实证研究对象，对黑龙江省科技金融的现状、协同度、绩效等进行了研究，提出要建立黑龙江省科技金融协调管理委员会、规范信息披露制度与方法，以及构建科技金融公共服务平台等建议。

邓天佐和张俊芳（2012）对现阶段科技金融所面临的问题，提出深入认识科技金融结合的规律，加大科技金融创新的广度与深度，提升环境和人才等方面来促进科技金融这一全新事业。

汤汇浩（2012）在对我国科技金融风险的特征和形式研究的层面上，依次针对科技金融风险的不同形式提出了相对应的建议措施。

徐玉莲和王宏起（2012）选择1994—2008年共15年的科技金融数据，运用Bootstrap仿真方法进行实证研究，发现财政投入、资本市场、风险投资对科技创新有正向影响，而银行信贷对科技创新的影响却并不显著；从而提出应加大财政投入的力度，同时要努力扶持科技金融体系的形成，特别是资本市场和风险投资市场的形成；她们并指出，银行信贷对科技创新的影响也不容忽视，要加强力度。

刘斌（2013）通过对比我国各大高新区的基础上，发现并探究张江高科技园区的缺点和不足，并针对以上不足提出了四个方面的建议。

白敏（2013）通过国外先进经验的借鉴，同时结合我国科技金融的发展现状、特点、问题和基础，提出：第一，要建立并完善统筹联动机制，如要完善协调机制、相关政策、政府企业信息平台功能；第二，优化调整财政资金支持重点；第三，大力促进股权投资机构发展；第四，完善创新银行等间接融资服务；第五，要抓紧建立科技金融中介服务体系。

李雅丽（2013）运用DEA方法，对江西省的科技金融效率进行测定，并研究了2000—2011年效率的变化情况和趋势，最后根据实证研究的结果提出：要提高科技型中小企业资金投入支持力度，加强平台建设，推进自主创新，规范发展风险投资行业四点建议。

华伟（2013）分析了我国科技金融的发展，提出了现阶段的发展建议：第一，科技金融保障机制建设；第二，要完善间接融资体系，拓宽科技金融融资渠道；第三，要积极发展多层次资本市场；第四，要加快发展风险投资；第五，完善科技金融风险分担机制；第六，培育良好的信用环境。

刘文丽、郝万禄和夏球（2014）基于 1999—2011 年 13 年的数据，分别对我国东部、中部和西部三地区的科技金融对经济增长的影响进行了实证研究，结果显示，不管是东部、中部还是西部地区，科技金融对经济增长都存在显著的影响，但程度不一样，并针对以上结论提出如下建议：第一，分别对东部、中部、西部地区实施有差别的科技金融政策；第二，为缩小与东部地区的差距，应加强对中、西部地区的协调良性互动机制；第三，为发挥中小企业的贡献力，应加强科技金融对中小企业的支持力度。

（二）高新技术企业融资相关研究

1. 高新技术企业融资效率

张玉明、邓志钦和燕鹏（2005）从资本结构入手认为，处在不同时期的高新技术企业应选择其融资加权平均资本成本最小，即最优的资本结构融资方式，这样融资的效率是最高的。

杨宜（2009）运用 DEA 方法，通过选取北京 2005—2006 年期间高新技术中小企业的数据，对融资效率进行了测定，结果表明：第一，北京高新技术中小企业相较于大型企业，其融资效率低下，且大部分处于 DEA 无效，并没有充分利用所拥有的资金；第二，北京高新技术企业的融资效率与企业的规模大小呈递增的趋势。

刘玲利和王聪（2010）通过选取 50 家高新技术上市公司，对其融资效率进行了测定，发现我国高新技术上市公司的纯技术效率和规模效率都较低，导致融资技术效率总体来说不高。

顾群、翟淑萍和苑泽明（2012）用 Logistic 模型构建高新技术企业融资约束指数，并用该指数分析了高新技术企业的投资效率，结果表明，不同融资约束会对企业融资效率产生不同的影响，随着融资约束的上升，高新技术企业的 R&D 投资效率也会跟着提高。

孙瑶（2012）对我国上市高新技术企业融资效率进行了测定，得出：首先，创业板上市的高新技术企业的融资效率普遍偏低，整体效率不高，并且其融资效率的排序与其子行业的排序顺序有关；其次，创业板上市的高新技术企业的融资效率呈现出地区差异；最后，高新技术企业提高规模报酬对其融资效率的改善有重要影响。

赵志明（2012）也通过 DEA 的方法对我国高新技术企业的融资效率进行了实证研究，认为整体水平差强人意，并提出了如下建议：一是促进高新技术企业 IPO 融资效率提高的制度安排；二是完善中小板和创业板板块建设；三是提高并完善高新技术企业自身的融资能力。

张璐（2014）构建了我国高新技术企业的 DEA 融资效率的评价模型，并分析了我国高新技术企业的效率，并从完善多层次资本市场、融资环境、加强技术创新等方面提出了提高我国高新技术企业效率的建议。

2. 高新技术企业融资问题

郭席四（2001）分别从高新技术企业的资金需求和供给两个方面分析了我国高新技术企业的融资困境和需求，随着高新技术企业研发的发展，其资金需求越来越大且历时长；而供给方面则是我国金融体系发展不健全，渠道单一，阻碍了高新技术企业融资。

楚鹰和孔保抢（2004）认为，我国高新技术企业发展的"瓶颈"是融资问题，主要体现在：我国高新技术企业规模小，研发程度低，授权发明专利少，成果转化率低等方面。

熊波和陈柳（2007）认为，高新技术企业与投资者本身存在信息不对称，同时，高新技术项目需要保密要求，高新技术企业的高风险和不确定性加剧了其与投资者本身存在的信息不对称性，而加剧的不对称性是造成高新技术企业融资难的主要原因。

于金欢（2010）认为，高新技术企业资金投入不足、投融资结构不尽合理、真正有效的风险投资支持机制没有形成、高新技术产业发展的投融资支持不足等是我国高新技术企业存在的主要融资问题。

刘绮涛（2010）认为，高新技术企业是非常具有经济潜能的，然而其融资渠道的单一，同时加上数额小、期限短、成本高等融资问题，阻碍了其潜能的发挥。

王倩（2012）认为，当前高新技术企业最大问题是资金短缺，特别是在种子期和成长期的高新技术企业，由于风险大、需要的资金多，面临的融资困境更大。

徐慧琳（2012）认为，我国高新技术企业融资存在的问题主要有：第一，政府对高新技术企业扶持的力度不够，不能仅仅只停留在补助和税收优惠上；第二，高新技术企业的利润下降导致内源融资趋于减少；第三，风险投资趋向的转移和信贷融资缺口大的问题；第四，高新技术企业的直接融资渠道受阻，同时担保机构不健全的问题。

韩芳（2012）从高新技术企业融资的渠道、成本、风险效率等方面进行了深入研究，认为企业融资行为受约束的原因是信息不对称，而惩罚机制可以重塑企业诚信，增强企业融资能力。

鲁振宇和孙超平（2014）认为，高新技术企业融资存在内源性弱点和外源性弱点，内源性如资产总量少、周期长等，外源性有我国金融市场金融创新能力薄弱，金融产品单一，不能匹配高新技术企业融资的需求。

3. 提高高新技术企业融资难的建议

熊波和陈柳（2005）对比英美国家资本市场体系，提出我国应建设一个多层次资本市场，这是解决我国高新技术企业融资难题的根本方法。

赵睿和杨宜（2007）通过研究北京高新技术企业融资路径的演变趋势，发现其存在的局限性，同时也提出了要建立多层次的资本市场、建立健全制度、促进风险投资的发展、完善强化信用担保体系、注重人才的培养等建议。

刘振和宋献中（2007）通过比较分析国外高新技术企业的融资机制，对解决高风险、不对称信息和外部性三大融资基本问题有很大借鉴作用，如运用政府信用担保可以解决高风险性问题；从完善法律、市场体系、公司治理结构方面来解决不对称信息。

于春红（2007）通过分析不同阶段的高新技术企业对融资体系的

要求，提出了构建三重一体两翼的融资体系，即以多层次资本市场体系，创业资本市场，创业板市场为三重，并分别以竞争性银行体系和政府支持体系，主板市场和产权交易市场，非正式的创业资本市场和有组织的创业资本市场为两翼来构建高新技术企业融资体系。

张菊梅、史安娜和石莎莎（2008）通过对高新技术企业的内部特征及其所处的外部环境进行研究，认为要对高新技术企业的外部环境进行改善，针对信息不对称要发展信息识别机制，针对高风险性要求对资金的输入输出要多样化，在不断提高企业自身实力的同时要扩展融资方式和渠道共四大建议。

龙勇和常青华（2010）通过结构方程模型进行了实证分析认为，高新技术企业应该因地制宜，根据自身的特点选择不同的融资方式，同时，特别是中小企业要重视风险投资这一融资方式的建议。

乔燕（2012）通过研究东部和西部高新技术企业融资方式的差异，分析其原因，并提出了以下建议：第一，要大力推进信用支持体系建设，同时西部地区要扩大对外开放；第二，要优化融资环境同时创新金融工具；第三，要有较强风险管理意识并健全管理模式和组织机构。

（三）高新技术企业融资效率影响因素研究

顾晓旭（2007）认为，资金成本、融资自由度、制度规范、偿债能力、风险控制与创新能力是高新技术企业融资效率的影响因素。

杨宜（2009）通过选取2005—2006年的数据，运用数据包络方法对北京高新技术中小企业的融资效率进行了实证研究，她以企业资产总额、负债额、所有制权益作为DEA的投入指标，这些都是衡量企业规模的指标，经过检验后发现，企业的规模大小会影响企业的融资效率。

高山（2010）认为，债务融资成本、股权融资成本、债务股权比是影响科技型中小企业融资效率的因素。

杨楠（2013）通过选取2009—2011年3年的数据为样本，采用多元回归实证研究创业板高新技术企业融资的影响因素，实证结果显示：企业规模、现金流动负债比率、营业利润率、资产负债率四个变量都会影响高新技术企业的融资效率，而且都呈现出显著的正相关关系。

李芳和王超（2014）通过实证研究，通过分析实证结果，探讨创新型中小企业融资效率的影响因素有：融资环境、融资渠道、企业管理水平、政府的宏观调控政策等。

宋玉臣和李楠博（2014）以资产负债率、运营成本和 IPO 净额为投入指标，以净资产利润率、主营业务收入增长率、总资产利用率、托宾 Q 值和无形资产增长率为产出指标进行 DEA 实证分析，发现创业板上市可以促进高新技术企业融资效率，同时宏观经济形势也会影响融资效率，对 IPO 进行适当调控是提高企业融资效率的有效途径。

（四）金融支持高新技术企业发展存在的主要问题及建议

黄俊亮（2011）认为，资金短缺是阻碍民族地区高新技术企业发展的因素之一。

孙光慧等（2010）认为，民族地区资本形成不足制约了经济发展，造成生产率低下。

郑长德（2007）指出，民族地区浅层金融发展状态严重制约了经济增长，民族地区经济发展要超前于金融发展，民族地区金融发展没有对该地区的经济起到支持作用。

时光等（2005）认为，由于民族地区企业效益较差、偿付能力弱，加之民族地区地处偏僻、交通不便等原因，阻碍了民族地区进一步扩大债券发行规模。

黄朝晓（2013）指出，广西财税政策支持高新企业发展中存在问题，存在着支持高新技术企业太过面广分散、重点领域投入强度不足，支持措施主要以供给面政策为主，而需求面政策不足，以及没有重视市场在产业结构调整优化的作用，偏重选择性产业政策。

杨芳等（2013）分析认为，宁夏高新技术企业的研发投入严重不足，自主创新资本不足阻碍了宁夏高新技术企业的发展。

王宇昕和吕伟（2013）认为，内蒙古财政政策在支持高新技术企业发展中存在财政投入资金不足、政府采购政策效果不明显、税收优惠政策以及金融支持政策不到位等现象。

迪力亚·穆合塔尔（2013）调研发现，融资环境差以及风险投资缺乏造成该地区研究开发经费投入不足，从而影响新疆科技创新能力不强，阻碍了该地区高新技术企业的发展。

刘磊等（2010）认为，应加强少数民族地区金融支持，建立适合少数民族地区经济发展的保险制度和信用担保体系等。

田孟清（2000）认为，应开拓国际债券市场，吸收国际资本参与民族地区经济开发。

黄俊亮（2011）认为，完善和发展西部地区金融和资本市场、融资环境，充分高效利用社会资本、民间资本甚至是境外战略投资资本、加大对高新技术企业的投入。

杨芳等（2013）认为，发展宁夏高新技术企业，需要政府科技投入向高新技术企业倾斜，构建多层次的自主创新直接融资服务体系，完善创业风险投资和信用担保体系，以及推动技术产权、知识产权交易市场发展等措施。

王宇昕和吕伟（2013）认为，发展内蒙古高新技术企业，需要加大财政对基础研究的投入力度，对该产业购买设备、产学研合作给予一定的补贴和税收优惠政策。

迪力亚·穆合塔尔（2013）认为，新疆应该建立创业引导基金、完善财税政策，为该地区的高新技术企业注入资金。

肖艳（2013）认为，贵州高新技术企业的金融支持手段包括整合金融资源、调整信贷结构以及建立多层次的资本市场。

陈蕊等（2013）认为，云南高新技术企业发展，需要加大财政支持力度，并落实税收激励政策，具体来说，要加大对高新技术企业技术创新、投资和消费的税收政策，加大信贷支持、创新金融产品，并鼓励高新技术企业公司在中小企业板和创业板上市。

### 三　文献评述

上述可见，中外学者相关研究为本课题展开研究提供了借鉴和深入思考的问题，具有理论和实践参考价值。不过，问题在于，在以往研究内容上，国内外关于区域科技金融发展水平对高新技术企业融资效率影响的相关研究较少，而且集中在宏观或中观某一方面论述科技金融的发展问题，且多注重定性分析，鲜有文献从深层次系统且结合定量研究讨论区域科技金融如何支持高新技术企业发展。

上述研究存在几个有待补充和完善的方面：一是选择合适的指标体系对我国区域科技金融的测度；二是区域科技金融发展水平对高新技术企业融资效率的影响如何，特别是在各地区政府干预的情况下；三是如何构建科技金融支持体系、创新科技金融机制体制、强化政府的引导和促进功能、完善科技金融市场融资体系、健全科技金融产品体系以及建立系统性科技金融服务平台，予以理论的回答和充分的论证，以对高新技术企业的金融支持进行政策扶持，正是本书重点研究的问题。

# 第二节　理论分析

## 一　马克思的社会再生产理论

马克思在批判继承古典学派再生产理论基础之上提出了社会再生产理论。马克思认为，生产规模的扩大必须要有资本积累，因为在生产的过程中要不断地投入新的资本，而生产要扩大必须具备两个条件：一是投入的资本在使用过程中效率要不断提高；二是在效率提高的基础上实现资本增值。我们从中可以看到，资本积累和生产规模扩大是相互促进的。资本积累促进产业的发展可以描述为这样一个过程：随着资本的不断积累，储蓄也会增加，增加的储蓄为了获得价值增值，势必会投入到实体产业，从而促进了实体产业的生产规模，在实体产业中的资本在使用的过程中效率要不断提高，并实现资本增值，因此，会提高实体产业的生产效率，从而实现了资本的再积累，资本的再积累又可以增加储蓄继而转化为投资，因此，在整个资本积累和生产规模扩大相互促进过程中带动了金融市场的发展，而金融市场发展又促进了产业发展。生产规模的迅速扩大最终表现为经济系统中各个产业的发展。产业发展需要两个前提条件，一要保证诸如土地、劳动力、资本、技术和管理等生产要素供给增加；二要使各种要素之间有效率地结合。从资本的角度来看，土地、劳动力、技术和管理的获取和提高都需要资本投入，也就是说，产业发展过程中所需的生产要素的供给增加，是和资本积累密不可分的，并且是相互影响的，资本积累为生产要素的供给增加提供了条件，并在此基础上促进了产业发展。

产业发展具有生命周期，包括产业从萌芽、培育、成长、最后进化的过程，每个产业的生命周期都是相同的，可以描述为投入期、成长期、成熟期和衰退期。产业的生命周期可以描述为：同类企业开始形成时，便是产业最初产生的过程，此时新技术、新业务的出现，造成这种同类型的新企业大量出现，产业的基本特点开始具备；随着企业数量增加和生产实践的发展，同类型的企业形成了产业，而且产业技术水平也会不断地发展和完善；在进一步提高之后，同类型企业数量又不断增加，新兴产业不断发展，甚至成长为主导产业和支柱产业；产业的生产能力扩张到一定阶段后，就达到一个稳定发展的阶段，这时，该产业的生产规模、技术水平以及市场供求都很稳定，这时成熟期的产业就有可能会成为一国的支柱产业；随着时间的流逝、人类文明进步和需求增加，产业需要更新或升级，需要更高的技术创新来改造企业。可以看出，技术创新在整个产业发展过程中起着关键作用，它决定着产业的产生、成长和进化过程，对于新兴产业来讲更是如此。因此，技术创新是产业发展和升级的根本。

在索洛的经典分析中，索洛模型及以后的拓展都将技术进步设定为一个独立的参数来表示，或者外生，或者内生，但是与资本积累都是分开的。关于技术进步的理论，包括"哈罗德中性"理论和"希克斯中性"理论中谈到的技术进步，都需要必要的资本，这些资本可以用来扩大再生产。因此，在现实中，要实现技术进步，需要一定的物质支撑。新技术的有效应用是需要诸如新的机器设备、新的基础设施、新的生产要素、新的人才以及新的组织形式，而这些生产要素的投入大都需要投资，投资带来了资本积累，促进了技术进步。而且根据康利斯克（Conlisk）的研究，技术进步的一个前提条件就是当前的资本密度水平，而且经济增长是由资本积累和技术进步共同作用产生的结果。由此可见，技术创新促进产业发展的前提条件是资本投入，资本与技术创新相结合能够促使产业发展，在资金投向高技术产业的过程中，技术创新要被应用，并实现商业化，必须借助于资本的力量，并由此促进了产业在更高层次上的发展，产业发展过程中必不可缺的两个条件是资本积累和技术创新，而技术创新也必须依靠资本积累。因而，我们可以得出这样的结论：高新技术产业的发展离不开资本积累，更离不开金融市场。

**二 可持续发展理论**

中国2014年的GDP增速为7.4%，虽然低于2013年的7.7%，但高于预期的增长速度，习近平主席指出，我国经济发展要进入新常态，新常态要求经济发展不但要注重数量，还要注重质量。要杜绝以牺牲资源和环境为代价的经济发展，在当今环境污染、雾霾严重的情况下，谈可持续发展尤为重要。

"可持续发展"早在1987年的世界环境与发展委员会就首次界定了它的概念。在整个大系统中，包括经济、社会、资源和环境，可持续发展要考虑经济、社会、资源和环境的共同发展，整个要达成一个协调机制，在实现经济和社会发展的同时，要考虑资源的可持续利用以及环境的可持续性，这是可持续发展的核心思想。

目前，产业结构面临着升级，生产方式面临着转型，传统发展模式虽然在当时的环境下给国家带来了财富，同时也带来了发展中的许多问题：一是资源的问题，包括对各种自然资源的过度开发和利用，特别是那些不可再生资源；二是对生态环境的破坏。因此，中国面临生产发展方式的转变，要以科技创新为纽带，带动产业结构的转型，包括高科技产业和战略性新兴产业的发展，这些方式和举措能够使中国经济和社会发展的同时，兼顾资源和环境保护，使国家的经济、社会、资源和环境能够共同协调发展，即为可持续发展。

### 三 区域经济发展理论

区域经济发展理论主要包括平衡发展理论和不平衡增长理论。

（一）平衡发展理论

（1）索洛—斯旺增长模型是区域经济增长问题研究的主要成果，主要在新古典经济学的基本假定下成立。主要假设是生产要素自由流动与开放区域经济，该模型认为：各国或一国内不同区域之间经济水平是有差距的，但随着区域经济增长，区域之间的经济水平差距会缩小，而且区域经济增长在地域空间上会趋同，呈收敛之势。在短期内这种增长可能不平衡，但从长期来看，这种增长是平衡的。

（2）另一种平衡发展理论由美国经济学家威廉姆森提出，他认为，在要素具有完全流动性的假设下，区域收入水平随着经济的增长最终可以达到趋同。这是一种空间均衡论，即市场价格机制能够使区域间的收入均等化。

（3）纳克斯的平衡增长论，这种平衡增长论来自恶性循环理论，即落后国家存在两种恶性循环，即供给不足循环（低生产率—低收入—低储蓄—资本短缺—低生产率）和需求不足循环（低生产率—低收入—低购买力—投资引诱不足—低生产率）。这两种循环互相影响，使得经济状况难以好转，经济增长无法实现。国家要想避开恶性循环，就必须采取平衡增长战略，即平衡增长论。

（4）罗森斯坦和罗丹的大推进理论描述了发展中国家如何迅速实现工业化的途径。他们认为，要想实现工业化，必须优先发展基础设施，通过基础设施的资本投入和发展，协调发展相关经济部门。在相关经济部门发展之初，应先投资发展轻工业部门及其他产业部门，通过贸易来获取重工业产品。

（二）不平衡增长理论

1. 缪尔达尔的二元经济结构理论

二元经济结构是指地区经济之间的差距，其形成是由于某些地区受外部因素作用，经济增长速度快于其他地区，经济发展就会出现不平衡。这种不平衡发展会引起发达地区发展更快，欠发达地区发展更慢，从而逐渐增大地区经济差距，形成地区性二元结构。对于这种二元经济结构，只能依靠政府的力量，欠发达地区的政府应制定相应的政策来发展自己的经济，缩小这种差别。市场的作用只会扩大区域差距而不是缩小区域差距，地区间一旦差距出现，发达地区会获得累积的竞争优势，从而遏制欠发达区域的经济发展，从而使欠发达区域不利于经济发展的因素越积越多，地区间经济差距越来越大。

2. 佩鲁的增长极理论

经济空间由若干中心组成，各种向心力或离心力则分别指向或背离这些中心，这些空间中心为增长极。佩鲁认为，经济增长并非在所有的空间中心同时出现，它首先出现于一些增长点或增长极上，程度不同，然后通过不同渠道向其他空间中心扩散，并对整个经济空间产生影响，但最终影响不同。应用在区域经济方面，即为经济增长并非在所有地区同时出现，经济增长较快的地区会向其他地区扩散，但对整个国家的各地区经济增长影响不同，最终出现区域经济增长不均衡现象。

3. 区域经济梯度推移理论

弗农认为，工业各部门甚至各种工业产品都处在不同的生命循环阶段，在发展中必须经历创新、发展、成熟和衰老四个阶段，并且在不同阶段将由兴旺部门转为停滞部门，最后成为衰退部门。1966年，汤普森提出了"区域生命周期理论"，认为一旦一个工业区建立，它就像一个生命有机体一样遵循一个规则的变化次序而发展，从年轻到成熟再到老年阶段，不同阶段的区域面临一系列不同的问题，处于不同的竞争地位。梯度理论是产业梯度转移理论的简称，是在区域生命周期理论和产品生命周期理论基础上形成的。该理论认为，客观上存在经济与技术发展的区域梯度差异，也就是说，每个国家或地区都处在一定的经济发展梯度上，而且产业和技术会随时间推移由高梯度区向低梯度区扩散和转移。

### 四 融资约束理论

融资约束是指当公司内外融资成本存在差异时，公司投资所受到的约束。

#### (一) FHP 理论

这是由法扎里、哈伯德和彼得森 (1988) 开创的理论观。他们认为，出于信息不对称和代理成本的存在，企业外部融资成本高于内部融资成本，企业的投资需求受到融资约束。内部融资成本与外部融资成本的差异被认为是外部融资的代理成本。外部融资代理成本与筹资企业的净财富相关，于是受到融资约束的企业投资对其净财富是敏感的，并且敏感性程度随融资约束程度增加而增加。

#### (二) KZ 理论

这是以卡普兰和津盖尔斯 (Kaplan and Zingales, 1997) 为代表的观点。他们论证了即使在一期模型，投资对现金流的敏感性并不必然随着融资约束程度的减弱而减弱，而在多阶段模型中，预防性储蓄动机使得评价投资对现金流的敏感性与融资约束的程度之间的理论关系变得更加困难。

#### (三) 判断标准论

这种观点认为，法扎里等与卡普兰和津盖尔斯研究结果的差别关键在于确认一个企业受到融资约束的不同判断标准，不同的判断标准使得企业投资对现金流的敏感性与融资约束程度之间的关系是不同的。

#### (四) 外部融资约束的成因

资本市场通常是不完善的，在不完善的资本市场中，由于信息不对称，代理问题和交易成本的存在，内部资金与外部融资之间就会存在成本差异。也就是说，信息不对称，代理问题和交易成本的综合效应造成了内外部融资的成本差异，从而就造成了公司的外部融资约束。

1. 信息不对称

信息不对称形成交易双方不具有相同的获悉权，即经济关系中的一方知情（私有信息）而另一方不知情，因而出现知情的一方有利用信息优势去谋取不正当利益的动机。例如，公司管理者获得有关公司战略决策的详细信息，而外部投资者是很难获得这些信息的。

2. 代理问题

代理问题是由于公司所有权同管理权的分离而出现的。这一理论首先是由詹森和梅克林（Jensen and Meckling）在 1976 年提出来的。由于外部投资者可能会怀疑公司管理者为了他自己的利益而并非股东的利益追求扩大公司的规模，所以就会导致公司不得不为外部融资支付一笔"额外费用"。即使管理者做出的投资决策可能会增加股东的价值，而当这种额外费用在内部资金不足时，就很可能会使一个公司放弃某一有价值的投资。另外，内部资金充足的管理者还可能会不顾资本市场的规律，从而进行有损于企业价值增加的投资。但是，无论在哪种情形之下，管理者对内部资金的需求都在增加。

3. 交易成本

内部资金能够使公司可以避免与外部债务或权益相关的交易成本。因此，当公司面临多种融资机会时，会首先使用成本相对较低的资金，这是出于维持目标资本结构的一种考虑。而如果公司认为权益融资是一个适当的选择，那么，内部权益将是最廉价的选择。

**五　金融成长周期理论**

根据企业成长过程，可以把企业成长的过程分为发展初期、成熟期和衰退期，企业的融资来源与企业的成长阶段紧密相连，于是，韦斯顿和布里格汉姆（Weston and Brigham）在 1978 年扩展了企业成长理论，之后发展成为企业金融成长周期理论，在原有理论基础上，将企业成长的三个阶段扩展为六个阶段，增加了成长期，并把成长期划分为三个阶段，并认为，企业的资本结构、销售额和利润等特征决定了企业的融资来源，企业金融周期理论并没有考虑到企业信息的隐性特征。因此，伯格和尤德尔（Berger and Udell）在 1998 年修正了企业金融成长周期理论，他们充分考虑了信息约束、企业规模和资金需求等基本因素，并将信息不对称理论运用到企业融资模型，最后推导出这样的结论：企业成长阶段不同，企业规模、资金需求和信息不对称程度也不相同，而这些因素又会影响到企业的融资结构，对于初创期的企业，其内部的技术和管理，外部的市场不同，对外界信息了解不够，因此，企业主要依赖内源融资，即业主和所有者的自由资金；成长到一定阶段后，企业就有了一定资产和一定的信用，这个时候可以采用抵押资产和信用的融资方法，获得一定的外源融资；等企业达到成熟期后，企业可以公开上市，信息透明度比较高，可以通过发行债券等方式融资，这时候外部融资渠道也不断拓宽；等到衰退期的时候，资金开始从企业撤出，原来生产的产品或服务都会下线，企业这个时候要进行新的产品开发。应该说，发展初期的企业融资渠道相对狭窄，外源融资途径少，当企业进一步发展时，外源融资会逐步增加，而自有资金也会增加。因此，企业不同的发展阶段呈现出不同的特点，也对应着不同的融资方式。

# 第三章 区域科技金融发展现状与测定

科技金融着重突出的是金融机构运用金融手段支持科技型企业的发展，即如何利用投资、融资方式促进科技型企业做大做强。[1][2] 由于各个地区科技金融发展水平的不同，造成各个地区高新技术企业发展参差不齐，本章在借鉴国外创新系统、《高科技产业统计年鉴》，以及我国学者对科技金融发展指数的相关研究基础之上，构建科技金融发展指数，用来测定各地区科技金融发展水平，这些指标包括科技投入和产出方面。其中，科技投入包括科技人力和机构投入、科技金融经费投入、科技金融贷款投入；科技产出具体指科技金融投入所产生的效果，包括论文、专利、合同等方面。

## 第一节 地区科技金融投入与产出现状

本部分主要从科技金融资源、科技金融经费、科技金融贷款以及科技金融产出四个方面对地区科技金融投入和产出现状进行描述。

### 一 科技金融资源现状

科技金融资源投入包括科技活动人员的投入和机构的投入。表3-1是各地区科技活动人员数量，截至2012年年末，科技活动人员

---

① 廖添土：《科技投入的国际比较与科技金融支持体系的构建》，《金融电子化》2007年第5期。

② 中国人民银行营业管理部课题组：《支持科技创新创业的金融政策研究》，中国经济出版社2007年版，第112页。

处于前五位的地区为广东、江苏、山东、浙江和北京，分别为 629055 人、549159 人、382057 人、377315 人和 322417 人，处于倒数后五位的是新疆、宁夏、海南、青海和西藏，科技活动人员分别是 26740 人、14039 人、10490 人、7848 人和 2135 人。从 2001—2012 年科技活动人员增长来看，增长较快的省份是广东、浙江、福建、山东、江苏、湖南、安徽、宁夏、河北、重庆、河南和广西，平均增长率超过了 100%，宁夏处于增长较快省份行列的原因，可能在于其在 2001 年时科技活动人员较少，而后有了一定程度的增长；科技活动人员增长较慢的省份为陕西、甘肃、北京和四川，平均增长率低于 40%，北京在 2001 年时科技活动人员最多，在 2010 年之前，其科技活动人员都处于前三位，由于基数较大，所以增长率会减少。

表 3-1　　　　　　　　　科技活动人员数量　　　　　　　单位：人

| 年份 | 2001 | 2002 | 2003 | 2004 | 2005 | 2006 | 2007 | 2008 | 2009 | 2010 | 2011 | 2012 |
|---|---|---|---|---|---|---|---|---|---|---|---|---|
| 北京 | 74974 | 76221 | 77590 | 301981 | 352588 | 382757 | 401595 | 419741 | 252676 | 269932 | 296990 | 322417 |
| 天津 | 10596 | 9272 | 9518 | 83760 | 90680 | 99054 | 112650 | 123965 | 72599 | 86374 | 111586 | 126436 |
| 河北 | 9326 | 9029 | 8434 | 112556 | 123246 | 130502 | 136441 | 142628 | 84601 | 91794 | 111807 | 124892 |
| 山西 | 10652 | 10854 | 10372 | 92789 | 108560 | 121768 | 127998 | 133570 | 65147 | 67022 | 67777 | 71884 |
| 内蒙古 | 6391 | 6208 | 6177 | 35150 | 38040 | 39858 | 41998 | 47997 | 31381 | 32873 | 36225 | 41974 |
| 辽宁 | 19500 | 18790 | 17337 | 165879 | 183889 | 186023 | 188663 | 195465 | 119440 | 126393 | 129637 | 141756 |
| 吉林 | 10858 | 9977 | 10404 | 63514 | 74709 | 82017 | 92728 | 97353 | 56428 | 65380 | 70704 | 76335 |
| 黑龙江 | 9998 | 11061 | 10616 | 94531 | 107550 | 109397 | 115073 | 115777 | 72587 | 83052 | 87258 | 90386 |
| 上海 | 23508 | 26106 | 25611 | 173995 | 186165 | 200681 | 227867 | 224234 | 170512 | 177488 | 198667 | 208817 |
| 江苏 | 25925 | 23352 | 23136 | 335255 | 375670 | 381127 | 437923 | 511670 | 369403 | 406231 | 455135 | 549159 |
| 浙江 | 7809 | 7915 | 7588 | 209275 | 257749 | 310526 | 347787 | 413108 | 239058 | 286751 | 324245 | 377315 |
| 安徽 | 10659 | 10543 | 10218 | 86028 | 90495 | 96713 | 113209 | 149049 | 87664 | 94610 | 122640 | 156257 |
| 福建 | 4562 | 4732 | 4495 | 79953 | 85879 | 101100 | 112758 | 130618 | 85745 | 101374 | 128614 | 158089 |
| 江西 | 6994 | 7090 | 7178 | 64963 | 67172 | 71484 | 72596 | 77340 | 51894 | 53470 | 56919 | 58245 |
| 山东 | 15216 | 15317 | 14765 | 279156 | 274058 | 285381 | 330500 | 363503 | 233137 | 275360 | 327252 | 382057 |
| 河南 | 14970 | 16510 | 16673 | 144342 | 157389 | 177272 | 192165 | 206496 | 132062 | 144025 | 167386 | 185116 |

| 年份 | 2001 | 2002 | 2003 | 2004 | 2005 | 2006 | 2007 | 2008 | 2009 | 2010 | 2011 | 2012 |
|------|------|------|------|------|------|------|------|------|------|------|------|------|
| 湖北 | 21001 | 20632 | 19663 | 149663 | 159417 | 170151 | 173490 | 184072 | 131680 | 142917 | 166357 | 185703 |
| 湖南 | 8761 | 8309 | 8165 | 104884 | 121421 | 130239 | 136416 | 147648 | 93806 | 109749 | 127654 | 144979 |
| 广东 | 11035 | 11752 | 11306 | 292927 | 320406 | 368805 | 448946 | 527477 | 383524 | 446579 | 515646 | 629055 |
| 广西 | 5282 | 6792 | 6389 | 51353 | 55614 | 58630 | 66745 | 67486 | 45049 | 52481 | 61185 | 64935 |
| 海南 | 1025 | 1716 | 1384 | 5631 | 8654 | 9053 | 8877 | 10509 | 6487 | 7194 | 8341 | 10490 |
| 重庆 | 5682 | 5407 | 4872 | 65896 | 68068 | 75623 | 83848 | 87965 | 53359 | 58886 | 65287 | 72609 |
| 四川 | 33596 | 33180 | 33307 | 178605 | 183757 | 194841 | 208930 | 221582 | 125089 | 130400 | 134125 | 155335 |
| 贵州 | 4629 | 4191 | 4284 | 29870 | 31348 | 35957 | 39187 | 39387 | 19982 | 23431 | 24875 | 29967 |
| 云南 | 7516 | 7712 | 7190 | 47976 | 49737 | 53371 | 57544 | 63737 | 26876 | 37780 | 43586 | 47038 |
| 西藏 | 376 | 513 | 512 | 2657 | 3411 | 4140 | 3591 | 3549 | 1916 | 1618 | 1855 | 2135 |
| 陕西 | 36710 | 36431 | 34745 | 133077 | 139779 | 145091 | 148817 | 147667 | 93576 | 98701 | 100585 | 118350 |
| 甘肃 | 8568 | 8419 | 8146 | 51693 | 51059 | 57975 | 53328 | 54031 | 29490 | 31301 | 31819 | 36762 |
| 青海 | 1063 | 688 | 646 | 8786 | 10116 | 10476 | 11169 | 10879 | 7510 | 7643 | 7515 | 7848 |
| 宁夏 | 993 | 907 | 806 | 10202 | 10316 | 13070 | 14482 | 14780 | 10722 | 10370 | 12006 | 14039 |
| 新疆 | 5386 | 5169 | 4897 | 25070 | 27722 | 28475 | 30195 | 34197 | 20253 | 21065 | 23900 | 26740 |

注：2001—2012 年科技活动人员和 R&D 人员均来自《中国科技统计资料汇编》，2009 年关于科技活动人员的统计口径发生了变化，改为 R&D 人员。

　　表 3 - 2 是各地区投入到科技活动的研发机构数量，截至 2012 年年末，研发机构数量处于前五位的地区为北京、山东、广东、黑龙江和山西，分别为 379 个、225 个、184 个、180 个和 170 个，处于倒数后五位的是海南、重庆、青海、宁夏和西藏，研发机构数量分别是 31 个、30 个、25 个、21 个和 16 个。由于数据的缺失，只计算了 2006—2012 年研发机构的增长率，只有青海、重庆、北京、海南、甘肃、新疆、广西和江西等省份处于增长状态，其他地区基本保持不变或处于负增长。

表 3 - 2 　　　　　　　　　研发机构数量 　　　　　　　单位：个

| 年份 | 2001 | 2002 | 2003 | 2004 | 2005 | 2006 | 2007 | 2008 | 2009 | 2010 | 2011 | 2012 |
|---|---|---|---|---|---|---|---|---|---|---|---|---|
| 北京 | 351 | 351 | 351 | 351 | 351 | 351 | 351 | 352 | 353 | 370 | 370 | 379 |
| 天津 | 68 | 68 | 68 | 68 | 68 | 68 | 67 | 69 | 69 | 56 | 58 | 58 |
| 河北 | 76 | 76 | 76 | 76 | 76 | 76 | 76 | 75 | 74 | 75 | 75 | 76 |
| 山西 | 170 | 170 | 170 | 170 | 170 | 170 | 170 | 170 | 171 | 172 | 170 | 170 |
| 内蒙古 | 104 | 104 | 104 | 104 | 104 | 104 | 100 | 100 | 97 | 97 | 95 | 97 |
| 辽宁 | 181 | 181 | 181 | 181 | 181 | 181 | 174 | 171 | 169 | 167 | 166 | 165 |
| 吉林 | 125 | 125 | 125 | 125 | 125 | 125 | 122 | 120 | 119 | 119 | 112 | 111 |
| 黑龙江 | 193 | 193 | 193 | 193 | 193 | 193 | 191 | 189 | 188 | 182 | 179 | 180 |
| 上海 | 137 | 137 | 137 | 137 | 137 | 137 | 137 | 135 | 134 | 136 | 134 | 136 |
| 江苏 | 150 | 150 | 150 | 150 | 150 | 150 | 153 | 152 | 149 | 147 | 148 | 148 |
| 浙江 | 103 | 103 | 103 | 103 | 103 | 103 | 105 | 102 | 101 | 99 | 98 | 101 |
| 安徽 | 129 | 129 | 129 | 129 | 129 | 129 | 123 | 115 | 111 | 111 | 107 | 105 |
| 福建 | 98 | 98 | 98 | 98 | 98 | 98 | 103 | 102 | 104 | 96 | 97 | 95 |
| 江西 | 115 | 115 | 115 | 115 | 115 | 115 | 114 | 113 | 112 | 115 | 116 | 117 |
| 山东 | 244 | 244 | 244 | 244 | 244 | 244 | 240 | 234 | 230 | 229 | 227 | 225 |
| 河南 | 133 | 133 | 133 | 133 | 133 | 133 | 128 | 128 | 125 | 124 | 121 | 118 |
| 湖北 | 162 | 162 | 162 | 162 | 162 | 162 | 161 | 158 | 157 | 153 | 152 | 151 |
| 湖南 | 130 | 130 | 130 | 130 | 130 | 130 | 131 | 131 | 132 | 129 | 130 | 130 |
| 广东 | 191 | 191 | 191 | 191 | 191 | 191 | 190 | 187 | 183 | 186 | 185 | 184 |
| 广西 | 120 | 120 | 120 | 120 | 120 | 120 | 119 | 119 | 119 | 126 | 124 | 123 |
| 海南 | 29 | 29 | 29 | 29 | 29 | 29 | 30 | 31 | 30 | 30 | 31 | 31 |
| 重庆 | 27 | 27 | 27 | 27 | 27 | 27 | 27 | 27 | 29 | 28 | 30 | 30 |
| 四川 | 173 | 173 | 173 | 173 | 173 | 173 | 171 | 165 | 161 | 171 | 171 | 170 |
| 贵州 | 83 | 83 | 83 | 83 | 83 | 83 | 81 | 76 | 75 | 75 | 73 | 79 |
| 云南 | 110 | 110 | 110 | 110 | 110 | 110 | 106 | 107 | 97 | 105 | 105 | 103 |
| 西藏 | 19 | 19 | 19 | 19 | 19 | 19 | 20 | 20 | 19 | 19 | 18 | 16 |
| 陕西 | 124 | 124 | 124 | 124 | 124 | 124 | 121 | 121 | 116 | 116 | 114 | 111 |
| 甘肃 | 102 | 102 | 102 | 102 | 102 | 102 | 106 | 106 | 104 | 107 | 109 | 107 |
| 青海 | 20 | 20 | 20 | 20 | 20 | 20 | 21 | 21 | 22 | 25 | 25 | 25 |
| 宁夏 | 27 | 27 | 27 | 27 | 27 | 27 | 28 | 22 | 22 | 22 | 22 | 21 |
| 新疆 | 109 | 109 | 109 | 109 | 109 | 109 | 109 | 109 | 110 | 109 | 111 | 112 |

　　资料来源：根据《中国科技统计资料汇编》整理而来，2001—2005 年采用的是 2006 年数据。

## 二 科技金融经费现状

科技活动投入主要表现为经费投入，其来源渠道包括财政拨款，具体到一个地区，要看该地区对研发经费的支出以及科技经费支出。

表 3 - 3 是各地区财政科技拨款力度，用各地区财政科技拨款除以财政支出表示，从表 3 - 3 可以看出，截至 2012 年，财政拨款力度处于前五位的依次是上海、北京、广东、浙江和江苏，分别为 6.8%、5.7%、3.97%、3.78% 和 3.52%，财政拨款力度处于后五位的依次是四川、江西、甘肃、青海和西藏，分别为 0.98%、0.96%、0.80%、0.70% 和 0.50%。从 2001—2012 年来看，财政科技拨款力度处于正增长的省份为上海、安徽、海南、北京、江苏、西藏、广东、新疆、浙江、天津、湖北和辽宁，其他省份均处于负增长。

表 3 - 3　　　　财政科技拨款力度（财政科技拨款/财政支出）　　　单位:%

| 年份 | 2001 | 2002 | 2003 | 2004 | 2005 | 2006 | 2007 | 2008 | 2009 | 2010 | 2011 | 2012 |
|------|------|------|------|------|------|------|------|------|------|------|------|------|
| 北京 | 3.12 | 3.43 | 3.42 | 3.63 | 3.55 | 4.66 | 5.50 | 5.73 | 5.45 | 6.58 | 5.64 | 5.70 |
| 天津 | 2.89 | 2.82 | 2.78 | 2.66 | 2.62 | 2.79 | 3.31 | 3.30 | 3.02 | 3.14 | 3.35 | 3.50 |
| 河北 | 1.67 | 1.33 | 1.27 | 1.26 | 1.14 | 1.14 | 1.16 | 1.15 | 1.13 | 1.05 | 0.94 | 1.20 |
| 山西 | 1.33 | 1.21 | 1.14 | 1.21 | 0.98 | 0.88 | 1.50 | 1.34 | 1.13 | 1.04 | 1.15 | 1.14 |
| 内蒙古 | 1.27 | 1.16 | 1.15 | 0.89 | 1.03 | 0.97 | 0.85 | 1.06 | 0.94 | 0.94 | 0.94 | 0.98 |
| 辽宁 | 2.37 | 2.36 | 2.55 | 2.53 | 2.32 | 2.43 | 2.19 | 2.28 | 2.14 | 2.16 | 2.23 | 2.40 |
| 吉林 | 1.73 | 1.59 | 1.26 | 0.91 | 1.10 | 1.18 | 1.25 | 1.14 | 1.28 | 1.07 | 0.96 | 1.02 |
| 黑龙江 | 2.42 | 2.04 | 1.75 | 1.75 | 1.50 | 1.40 | 1.47 | 1.06 | 1.23 | 1.19 | 1.20 |
| 上海 | 1.71 | 1.74 | 1.80 | 2.82 | 4.78 | 5.23 | 4.85 | 4.64 | 7.20 | 6.12 | 5.58 | 6.80 |
| 江苏 | 2.08 | 2.08 | 2.03 | 2.04 | 2.13 | 2.70 | 2.69 | 2.82 | 2.91 | 3.06 | 3.43 | 3.52 |
| 浙江 | 3.10 | 3.33 | 3.28 | 3.61 | 3.95 | 4.29 | 3.96 | 3.93 | 3.74 | 3.78 | 3.74 | 3.78 |
| 安徽 | 0.97 | 0.96 | 0.73 | 0.92 | 0.84 | 0.94 | 1.28 | 1.44 | 1.70 | 2.24 | 2.33 | 2.43 |
| 福建 | 2.27 | 2.26 | 2.25 | 2.29 | 2.29 | 2.11 | 2.34 | 2.25 | 1.98 | 1.91 | 1.84 | 1.98 |
| 江西 | 1.15 | 0.96 | 0.95 | 0.95 | 0.87 | 0.86 | 0.97 | 0.92 | 0.86 | 0.95 | 0.84 | 0.96 |
| 山东 | 2.53 | 2.22 | 2.30 | 1.91 | 1.81 | 2.24 | 2.05 | 2.11 | 1.92 | 2.04 | 2.17 | 2.30 |
| 河南 | 1.41 | 1.41 | 1.26 | 1.23 | 1.24 | 1.22 | 1.35 | 1.33 | 1.21 | 1.31 | 1.33 | 1.34 |
| 湖北 | 1.33 | 1.32 | 1.55 | 1.47 | 1.46 | 1.55 | 1.47 | 1.40 | 1.21 | 1.20 | 1.37 | 1.43 |

续表

| 年份 | 2001 | 2002 | 2003 | 2004 | 2005 | 2006 | 2007 | 2008 | 2009 | 2010 | 2011 | 2012 |
|---|---|---|---|---|---|---|---|---|---|---|---|---|
| 湖南 | 2.19 | 2.13 | 1.59 | 1.30 | 1.40 | 1.34 | 1.51 | 1.51 | 1.34 | 1.30 | 1.19 | 1.40 |
| 广东 | 3.09 | 3.79 | 3.34 | 3.53 | 3.66 | 4.08 | 3.77 | 3.51 | 3.89 | 3.96 | 3.04 | 3.97 |
| 广西 | 1.32 | 1.44 | 2.00 | 1.34 | 1.28 | 1.27 | 1.34 | 1.25 | 1.11 | 1.08 | 1.11 | 1.12 |
| 海南 | 0.73 | 0.75 | 0.84 | 0.69 | 0.77 | 0.86 | 1.14 | 1.26 | 1.25 | 1.28 | 1.26 | 1.34 |
| 重庆 | 1.64 | 1.17 | 1.08 | 1.26 | 1.23 | 1.26 | 1.44 | 1.49 | 1.20 | 1.05 | 0.97 | 1.20 |
| 四川 | 1.45 | 1.26 | 1.37 | 1.21 | 1.17 | 1.08 | 1.18 | 0.88 | 0.80 | 0.82 | 0.98 | 0.98 |
| 贵州 | 1.3 | 1.24 | 1.30 | 1.21 | 1.49 | 1.25 | 1.25 | 1.23 | 1.04 | 1.02 | 0.96 | 0.99 |
| 云南 | 1.58 | 1.70 | 1.56 | 1.27 | 1.37 | 1.27 | 1.15 | 1.20 | 0.97 | 0.94 | 0.97 | 1.10 |
| 西藏 | 0.38 | 0.66 | 0.42 | 0.52 | 0.46 | 0.45 | 0.70 | 0.76 | 0.57 | 0.49 | 0.45 | 0.50 |
| 陕西 | 1.13 | 1.09 | 1.15 | 1.02 | 1.06 | 1.25 | 1.26 | 1.20 | 1.13 | 1.14 | 0.99 | 1.10 |
| 甘肃 | 1.01 | 0.97 | 0.82 | 0.94 | 0.88 | 0.83 | 1.08 | 0.98 | 0.82 | 0.74 | 0.74 | 0.80 |
| 青海 | 0.88 | 0.79 | 0.92 | 0.75 | 0.78 | 0.68 | 0.89 | 1.09 | 0.98 | 0.55 | 0.39 | 0.70 |
| 宁夏 | 1.33 | 1.19 | 1.27 | 1.25 | 1.27 | 1.01 | 1.98 | 1.33 | 1.02 | 1.07 | 1.11 | 1.12 |
| 新疆 | 0.94 | 0.95 | 1.05 | 0.98 | 1.12 | 1.01 | 1.61 | 1.40 | 1.20 | 1.19 | 1.16 | 1.15 |

资料来源：根据《中国科技统计资料汇编》整理而来。

表3－4是各地区研发经费支出，截至2012年，研发经费支出处于前五位的地区为北京、陕西、上海、四川和江苏，分别为488.54亿元、313.20亿元、180.98亿元、153.82亿元、92.03亿元，处于倒数后五位的是海南、贵州、青海、宁夏和西藏，研发经费支出分别是4.29亿元、4.27亿元、3.54亿元、1.56亿元、0.8亿元。从2001—2012年研发经费支出增长来看，增长较快的省份是新疆、内蒙古、甘肃、海南和青海，平均增长率超过了500%，可能的原因在于这些省份在2001年期初研发经费支出较少，而后有了一定程度的增长；研发经费支出增长较慢的省份为贵州、山东、福建和广东，平均增长率低于30%，广东省研发经费支出增长较慢的原因在于，2001年广东省经费支出排名第一，为39.56亿元，起点较高。

表3－5是各地区科技经费支出，截至2012年，科技经费支出处于前五位的地区为江苏、广东、北京、山东和浙江，分别为1287.86亿

表3-4　研发经费支出

单位：万元

| 年份 | 2001 | 2002 | 2003 | 2004 | 2005 | 2006 | 2007 | 2008 | 2009 | 2010 | 2011 | 2012 |
|---|---|---|---|---|---|---|---|---|---|---|---|---|
| 北京 | 141453 | 157661 | 89721 | 204170 | 222839.1 | 324715 | 287157.9 | 332137.8 | 3216954 | 3216954 | 4343010 | 4885351 |
| 天津 | 34835 | 26464 | 26947 | 27156 | 73237.7 | 103414.7 | 196641.6 | 272933.9 | 181371.9 | 181372 | 257717.1 | 289854.4 |
| 河北 | 16741 | 17536 | 23156 | 27328 | 29647.4 | 30086.3 | 40127.9 | 41548 | 232431 | 232431 | 224910.7 | 286489.6 |
| 山西 | 2173 | 1530 | 1491 | 1496 | 4844.5 | 6080.5 | 5798.9 | 13480.8 | 94112.7 | 94112.72 | 122670.1 | 115999.8 |
| 内蒙古 | 136 | 246 | 345 | 282 | 1314.2 | 963.1 | 1537.5 | 3102.1 | 53105.1 | 53105.11 | 63235.6 | 63727.4 |
| 辽宁 | 41780 | 77291 | 68150 | 54770 | 88205.1 | 63806.6 | 73376 | 95458.5 | 311938.8 | 311938.8 | 457420.5 | 533181.5 |
| 吉林 | 4078 | 12606 | 12675 | 16094 | 25342.1 | 25329.9 | 28192.8 | 26248.8 | 165533 | 165533 | 202029.6 | 248268.8 |
| 黑龙江 | 15739 | 22533 | 43908 | 16227 | 67897.9 | 36076.4 | 80343.4 | 92746.5 | 205980.1 | 205980.1 | 117001.4 | 178431.1 |
| 上海 | 179233 | 216196 | 403361 | 499167 | 340142.4 | 398535.5 | 525341.6 | 547267.6 | 869512.9 | 869513 | 1335823 | 1809801 |
| 江苏 | 101980 | 145660 | 159390 | 221209 | 534777.5 | 805619.4 | 1121266 | 1465979 | 642306 | 642306 | 764584 | 920346.9 |
| 浙江 | 37113 | 53496 | 112137 | 154866 | 384648.2 | 430085.9 | 452210.3 | 505113.4 | 128517.3 | 128517.3 | 180717.8 | 218275.3 |
| 安徽 | 6533 | 13732 | 31799 | 20193 | 25873.9 | 43603.6 | 63617.9 | 61292.5 | 207381.9 | 207381.9 | 223959.9 | 271471.5 |
| 福建 | 40017 | 47490 | 91938 | 101726 | 190738 | 219906.7 | 257496 | 338564.7 | 61059.9 | 61059.92 | 68177.6 | 92199.1 |
| 江西 | 14068 | 10435 | 15547 | 24901 | 45405.3 | 50561.5 | 68387.1 | 72067.8 | 74579.6 | 74579.62 | 82487.9 | 90599 |
| 山东 | 105588 | 136966 | 133035 | 200849 | 323606.8 | 348049.4 | 485112.5 | 561767.3 | 221382.9 | 221382.9 | 320423.8 | 373625.8 |
| 河南 | 19374 | 19196 | 10304 | 19050 | 29633.8 | 46117.7 | 107594 | 89664.5 | 202797.9 | 202797.9 | 265371.1 | 335596.7 |

续表

| 年份 | 2001 | 2002 | 2003 | 2004 | 2005 | 2006 | 2007 | 2008 | 2009 | 2010 | 2011 | 2012 |
|---|---|---|---|---|---|---|---|---|---|---|---|---|
| 湖北 | 11488 | 21911 | 28346 | 44301 | 56203.8 | 97648.5 | 98541 | 120713.8 | 399891.9 | 399891.9 | 465255.3 | 500975.6 |
| 湖南 | 13653 | 10798 | 18765 | 8585 | 33437.8 | 28541.8 | 29510.8 | 62873 | 114830.2 | 114830.2 | 166751 | 203489.8 |
| 广东 | 395606 | 492617 | 568672 | 641931 | 1360287 | 1633717 | 2005421 | 2683224 | 175979.5 | 175979.5 | 308075.3 | 391155.9 |
| 广西 | 4478 | 3958 | 3541 | 3876 | 12146.8 | 10006.7 | 14508.1 | 18906.6 | 53183.1 | 53183.1 | 99412.6 | 138724.2 |
| 海南 | 445 | 800 | 340 | 494 | 793.7 | 557 | 1645.6 | 2913.6 | 24383.8 | 24383.81 | 32502.2 | 42922.1 |
| 重庆 | 15850 | 19374 | 19769 | 21266 | 28942.9 | 28317.1 | 44466.5 | 46953.7 | 67546.9 | 67546.93 | 154242.2 | 183155.2 |
| 四川 | 61444 | 56919 | 108264 | 139411 | 112205.3 | 168255.3 | 291384.2 | 275882.3 | 909969.1 | 909969.1 | 1281221 | 1538182 |
| 贵州 | 10576 | 13643 | 12490 | 14940 | 30087.1 | 43005.7 | 55865.8 | 52284.7 | 36906.1 | 36906.11 | 28802.4 | 42733.2 |
| 云南 | 3377 | 2991 | 2790 | 2851 | 4329.7 | 5271.1 | 6294.6 | 16086.4 | 128820.4 | 128820.4 | 149042.2 | 179264.9 |
| 西藏 | — | — | — | — | — | — | — | — | 5442.4 | 5442.405 | 4862.8 | 7991.5 |
| 陕西 | 62571 | 101626 | 82114 | 110480 | 117805.1 | 141564.1 | 161363.9 | 159994.6 | 998988.2 | 998988.2 | 1134048 | 3132025 |
| 甘肃 | 3583 | 5014 | 4853 | 3178 | 6770.7 | 6124 | 10103.6 | 16468.3 | 120787.9 | 120787.9 | 135372.8 | 376948.6 |
| 青海 | 398 | 402 | 57 | 30 | 57.5 | 57 | 1539.6 | 166.7 | 10442 | 10442.01 | 14517.9 | 35401.91 |
| 宁夏 | 941 | 925 | 1984 | 5774 | 4287.7 | 2552.9 | 3183.7 | 6879.9 | 4853.7 | 4853.714 | 5888.6 | 15596.01 |
| 新疆 | 153 | 95 | 146 | 1600 | 1407 | 964 | 2253.8 | 1286.6 | 38491 | 38491.01 | 57528.4 | 134510.4 |

资料来源：根据《中国科技统计资料汇编》整理而来。

表3-5  科技经费支出

单位：万元

| 年份 | 2001 | 2002 | 2003 | 2004 | 2005 | 2006 | 2007 | 2008 | 2009 | 2010 | 2011 | 2012 |
|---|---|---|---|---|---|---|---|---|---|---|---|---|
| 北京 | 3051055 | 3431587 | 3931761 | 3173331 | 3820683 | 4330000 | 5053870 | 5503499 | 6686351 | 8218234 | 9366439 | 10633640 |
| 天津 | 505834 | 617102 | 650527 | 537501 | 725659 | 952000 | 1146921 | 1557166 | 1784661 | 2295644 | 2977580 | 3604866 |
| 河北 | 513317 | 491089 | 613500 | 438428 | 589320 | 767000 | 900165 | 1091113 | 1348446 | 1554492 | 2013377 | 2457670 |
| 山西 | 295903 | 321194 | 411544 | 233570 | 262814 | 363000 | 492506 | 625574 | 808563 | 898835 | 1133926 | 1323458 |
| 内蒙古 | 92868 | 118944 | 146770 | 77951 | 116956 | 165000 | 241982 | 338950 | 520726 | 637205 | 851685 | 1014468 |
| 辽宁 | 893573 | 986925 | 1442408 | 1069142 | 1247086 | 1358000 | 1653989 | 1900662 | 2323687 | 2874703 | 3638348 | 3908680 |
| 吉林 | 320277 | 374179 | 574150 | 355065 | 393039 | 409000 | 508658 | 528364 | 813602 | 758005 | 891337 | 1098010 |
| 黑龙江 | 397146 | 460322 | 504248 | 353502 | 489073 | 570000 | 660437 | 866999 | 1091704 | 1230434 | 1287788 | 1459588 |
| 上海 | 1919994 | 2224715 | 2533210 | 1711168 | 2083538 | 2588000 | 3074569 | 3553868 | 4233774 | 4817031 | 5977131 | 6794636 |
| 江苏 | 1929977 | 2247045 | 2723005 | 2139777 | 2698292 | 3461000 | 4301988 | 5809124 | 7019529 | 8579491 | 10655109 | 12878616 |
| 浙江 | 929107 | 1104776 | 1355951 | 1155471 | 1632921 | 2240000 | 2816032 | 3445714 | 3988367 | 4942349 | 5980824 | 7225867 |
| 安徽 | 426934 | 527172 | 655528 | 379356 | 458994 | 593000 | 717914 | 983208 | 1359535 | 1637219 | 2146439 | 2817953 |
| 福建 | 438750 | 485484 | 479636 | 458874 | 536186 | 674000 | 821721 | 1019288 | 1353819 | 1708982 | 2215151 | 2709891 |
| 江西 | 176525 | 174004 | 227367 | 215281 | 285314 | 378000 | 487867 | 631468 | 758936 | 871527 | 967529 | 1136552 |
| 山东 | 1457818 | 1701245 | 1965350 | 1421242 | 1951449 | 2341000 | 3123081 | 4337171 | 5195920 | 6720045 | 8443667 | 10203266 |
| 河南 | 581197 | 616363 | 644968 | 423556 | 555824 | 798000 | 1011299 | 1222763 | 1747599 | 2111675 | 2644923 | 3107802 |

续表

| 年份 | 2001 | 2002 | 2003 | 2004 | 2005 | 2006 | 2007 | 2008 | 2009 | 2010 | 2011 | 2012 |
|---|---|---|---|---|---|---|---|---|---|---|---|---|
| 湖北 | 881869 | 854229 | 974939 | 566204 | 749531 | 944000 | 1113179 | 1489859 | 2134490 | 2641180 | 3230129 | 3845239 |
| 湖南 | 552991 | 618095 | 659333 | 370442 | 445235 | 536000 | 735536 | 1127040 | 1534995 | 1865584 | 2332181 | 2876780 |
| 广东 | 2146502 | 2573730 | 2913019 | 2112055 | 2437605 | 3130000 | 4042910 | 5025577 | 6529820 | 8087478 | 10454872 | 12361501 |
| 广西 | 219859 | 228533 | 260438 | 118659 | 145947 | 182000 | 220030 | 328306 | 472028 | 628696 | 810205 | 971538.7 |
| 海南 | 26839 | 24189 | 28939 | 20870 | 15950 | 21000 | 26020 | 33479 | 57806 | 70204 | 103717 | 137243.5 |
| 重庆 | 301962 | 33349 | 363215 | 236525 | 319586 | 369000 | 469876 | 601525 | 794599 | 1002663 | 1283560 | 1597973 |
| 四川 | 926849 | 1128388 | 1322083 | 780122 | 965760 | 1078000 | 1391401 | 1602595 | 2144590 | 2642695 | 2941009 | 3508589 |
| 贵州 | 101052 | 124165 | 143110 | 86772 | 110349 | 145000 | 137434 | 189298 | 264134 | 299665 | 363089 | 417260.8 |
| 云南 | 209674 | 212999 | 252206 | 125061 | 213233 | 209000 | 258776 | 309909 | 372304 | 441672 | 560797 | 687547.8 |
| 西藏 | 8830 | 8006 | 11038 | 3633 | 3497 | 5000 | 6964 | 12285 | 14385 | 14599 | 11530 | 17838.6 |
| 陕西 | 761910 | 915336 | 963736 | 834788 | 924462 | 1014000 | 1217106 | 1432726 | 1895063 | 2175042 | 2493548 | 2872035 |
| 甘肃 | 199171 | 213783 | 236646 | 143946 | 196136 | 240000 | 257220 | 318014 | 372612 | 419385 | 485261 | 604761.8 |
| 青海 | 47439 | 53968 | 63334 | 30364 | 29554 | 33000 | 38093 | 39092 | 75938 | 99438 | 125756 | 131228.4 |
| 宁夏 | 51741 | 55676 | 62548 | 30513 | 31681 | 50000 | 74724 | 75490 | 104422 | 115101 | 153183 | 182304 |
| 新疆 | 135511 | 140765 | 149499 | 60134 | 64087 | 85000 | 100169 | 160113 | 218043 | 266545 | 330031 | 397289.3 |

资料来源：根据《中国科技统计资料汇编》整理而来。

元、1236. 15 亿元、1063. 36 亿元、1020. 33 亿元、722. 59 亿元，处于倒数后五位的是新疆、宁夏、海南、青海和西藏，科技经费支出分别是 39. 73 亿元、18. 23 亿元、13. 72 亿元、13. 12 亿元、1. 78 亿元。从 2001—2012 年科技经费支出增长来看，增长较快的省份是新疆、内蒙古、甘肃、海南和青海，平均增长率超过了 500%，可能的原因在于这些省份在 2001 年期初研发经费支出较少，而后有了一定程度的增长；科技经费支出增长较慢的省份为甘肃、新疆、青海和西藏，平均增长率低于 20%。

### 三 科技金融贷款现状

科技活动经费投入的另一个重要渠道是向金融机构贷款，从绝对值来看是金融机构科技贷款额，而从相对值来看是贷款力度。

表 3 - 6 是 2001—2012 年金融机构科技贷款额，从表 3 - 6 可以看出，截至 2012 年年末，地区金融机构科技贷款额处于前五位的分别是北京、江苏、上海、广东和山东，依次是 808393 万元、409148 万元、329015 万元、284141 万元、154292 万元；地区金融机构科技贷款额处于后五位的分别是海南、新疆、青海、宁夏和西藏，依次是 13152 万元、9526 万元、3781 万元、3196 万元、310 万元，地区间金融机构科技贷款额相去甚远，最高金融机构科技贷款额地区北京是最低金融机构科技贷款额地区西藏的 2607 倍；从各个地区金融机构科技贷款额增长程度看，2012 年比 2001 年平均增长超过 10 倍的地区为云南、西藏、贵州、河南、山西、内蒙古和北京，除北京外，其他地区增长较快的原因在于其 2001 年金融机构科技贷款额较低；平均增长速度在 40% 以下的省份为吉林、黑龙江、青海、山东、广东和海南，山东和广东在 2001 年年末金融机构科技贷款额较高，而此后的发展较缓。

表 3 - 7 是 2001—2012 年金融机构科技贷款力度，用地区金融机构科技贷款额除以科研经费支出表示，从表 3 - 7 可以看出，截至 2012 年年末，地区金融机构科技贷款力度处于前五位的分别是海南、贵州、北京、重庆和广西，依次是 0. 096、0. 095、0. 076、0. 067、0. 057；

单位：万元

**表 3 - 6　金融机构科技贷款额**

| 年份 | 2001 | 2002 | 2003 | 2004 | 2005 | 2006 | 2007 | 2008 | 2009 | 2010 | 2011 | 2012 |
|---|---|---|---|---|---|---|---|---|---|---|---|---|
| 北京 | 7124.00 | 470.00 | 20216.00 | 23517.00 | 8570.00 | 4110.00 | 7157.44 | 2300.00 | 488328 | 492569 | 697404 | 808393 |
| 天津 | 6530.00 | 2689.00 | 2830.00 | 4230.00 | 9341.00 | 8670.00 | 21300.00 | 18826.00 | 64943 | 69852 | 127076 | 117074 |
| 河北 | 2000.00 | 100.00 | 3780.00 | 1960.00 | 1510.00 | 1263.30 | 2200.00 | 2180.00 | 41939 | 59895 | 22296 | 43524 |
| 山西 | 270.00 | 100.00 | 100.00 | 100.00 | 800.00 | 805.00 | 1640.00 | 112.00 | 18774 | 17656 | 41640 | 39405 |
| 内蒙古 | 209.93 | 307.44 | 19.00 | 303.33 | 600.00 | 110.00 | 200.00 | 633.00 | 18045 | 9154 | 8963 | 26436 |
| 辽宁 | 1912.00 | 51850.00 | 18012.00 | 1130.00 | 3366.30 | 1371.20 | 1871.20 | 4060.00 | 39606 | 69090 | 36840 | 36308 |
| 吉林 | 7425.00 | 310.00 | 1287.00 | 200.00 | 1800.00 | 2204.40 | 2041.90 | 1494.50 | 24317 | 29519 | 25288 | 39674 |
| 黑龙江 | 5796.00 | 6326.00 | 5872.00 | 90.00 | 2108.20 | 1580.00 | 300.00 | 17500.00 | 26107 | 52549 | 24766 | 26993 |
| 上海 | 5758.00 | 5227.00 | 5107.00 | 14991.00 | 7300.00 | 276414.00 | 3640.20 | 5556.60 | 154541 | 138345 | 195058 | 329015 |
| 江苏 | 7125.00 | 36784.00 | 59886.00 | 32405.00 | 94897.40 | 57707.80 | 122647.00 | 56561.70 | 204328 | 212671 | 257895 | 409148 |
| 浙江 | 8231.00 | 7455.00 | 26688.00 | 21071.00 | 30025.10 | 31266.30 | 35912.70 | 41212.40 | 60405 | 75253 | 102133 | 146756 |
| 安徽 | 3276.00 | 378.00 | 10277.00 | 700.00 | 3657.75 | 151.30 | 795.00 | 2950.00 | 101536 | 85658 | 75892 | 113245 |
| 福建 | 9534.00 | 23964.00 | 14256.00 | 20500.00 | 26520.00 | 34240.00 | 41882.00 | 14128.90 | 33107 | 34613 | 47841 | 57293 |
| 江西 | 958.00 | 4785.50 | 1250.00 | 8321.00 | 13217.80 | 16235.80 | 12922.40 | 25908.30 | 24572 | 22650 | 25183 | 34648 |
| 山东 | 36348.00 | 43049.00 | 44860.00 | 50682.00 | 63014.20 | 35685.00 | 43490.40 | 45518.60 | 97453 | 101041 | 123529 | 154292 |
| 河南 | 555.00 | 2080.00 | 6320.00 | 200.00 | 3600.00 | 14509.90 | 48577.00 | 17563.00 | 42149 | 68345 | 89567 | 135137 |

续表

| 年份 | 2001 | 2002 | 2003 | 2004 | 2005 | 2006 | 2007 | 2008 | 2009 | 2010 | 2011 | 2012 |
|---|---|---|---|---|---|---|---|---|---|---|---|---|
| 湖北 | 17914.00 | 9930.00 | 6540.00 | 18097.00 | 802.70 | 3608.90 | 100.00 | 3533.60 | 67962 | 86029 | 108629 | 124769 |
| 湖南 | 3518.00 | 2921.00 | 1660.00 | 1100.00 | 9173.40 | 4450.00 | 4208.60 | 3068.00 | 71331 | 77051 | 87889 | 81340 |
| 广东 | 73955.00 | 106511.00 | 170597.00 | 182521.00 | 60181.00 | 60532.90 | 62198.10 | 67275.80 | 124500 | 127125 | 199056 | 284141 |
| 广西 | 1895.00 | 911.00 | 1403.00 | 100.00 | 480.00 | 646.00 | 450.00 | 525.33 | 18343 | 23785 | 36989 | 55224 |
| 海南 | 3736.55 | 3731.00 | 3742.10 | 3714.90 | 3736.39 | 3775.39 | 3633.29 | 3799.37 | 3894 | 3207 | 4298 | 13152 |
| 重庆 | 6955.00 | 6723.00 | 9606.00 | 3154.00 | 4685.00 | 4986.00 | 3635.30 | 1033.00 | 24576 | 36077 | 61970 | 106818 |
| 四川 | 8780.00 | 2508.00 | 2628.00 | 5169.00 | 869.30 | 8599.50 | 26995.00 | 1565.30 | 59349 | 52677 | 75902 | 111765 |
| 贵州 | 160.00 | 1396.00 | 7130.00 | 1350.00 | 8363.00 | 10160.00 | 10740.00 | 2380.00 | 23863 | 21504 | 18705 | 39543 |
| 云南 | 20.00 | 20.00 | 10129.55 | 12095.46 | 8163.64 | 16027.28 | 300.00 | 31754.55 | 42329 | 21180 | 37857 | 35947 |
| 西藏 | 0.610 | 0.610 | 310.40 | 311.20 | 309.59 | 312.81 | 306.38 | 319.25 | 294 | 345 | 151 | 310 |
| 陕西 | 17635.00 | 7669.00 | 7405.00 | 232.00 | 2003.80 | 9048.10 | 320.00 | 1539.00 | 114091 | 96517 | 99568 | 107571 |
| 甘肃 | 200.00 | 86.97 | 1225.00 | 700.00 | 1750.00 | 1225.00 | 1007.70 | 19141.70 | 22776 | 15507 | 22493 | 21475 |
| 青海 | 852.50 | 2900.00 | 170.00 | 1535.00 | 1535.00 | 1080.00 | 1080.00 | 1307.50 | 2940 | 2668 | 2715 | 3781 |
| 宁夏 | 200.00 | 732.00 | 2100.00 | 1700.00 | 500.00 | 1433.33 | 1110.89 | 1037.00 | 1597 | 1904 | 5161 | 3196 |
| 新疆 | 140.00 | 780.00 | 1465.00 | 94.00 | 289.00 | 1000.00 | 461.00 | 5891.00 | 12162 | 5536 | 9307 | 9526 |

资料来源：根据《中国科技统计资料汇编》整理而来。

表3-7　金融机构科技贷款力度（金融机构科技贷款额/科研经费支出）

| 年份 | 2001 | 2002 | 2003 | 2004 | 2005 | 2006 | 2007 | 2008 | 2009 | 2010 | 2011 | 2012 |
|------|------|------|------|------|------|------|------|------|------|------|------|------|
| 北京 | 0.002 | 0.00017 | 0.005 | 0.007 | 0.002 | 0.001 | 0.001 | 0.0004 | 0.073 | 0.059 | 0.074 | 0.076 |
| 天津 | 0.013 | 0.004 | 0.004 | 0.009 | 0.013 | 0.009 | 0.019 | 0.012 | 0.036 | 0.030 | 0.043 | 0.032 |
| 河北 | 0.004 | 0.0002 | 0.006 | 0.004 | 0.003 | 0.002 | 0.002 | 0.002 | 0.031 | 0.039 | 0.011 | 0.018 |
| 山西 | 0.0009 | 0.0003 | 0.0002 | 0.0004 | 0.003 | 0.002 | 0.003 | 0.0002 | 0.023 | 0.019 | 0.037 | 0.029 |
| 内蒙古 | 0.002 | 0.003 | 0.0001 | 0.004 | 0.005 | 0.001 | 0.001 | 0.002 | 0.035 | 0.014 | 0.011 | 0.026 |
| 辽宁 | 0.002 | 0.05 | 0.01 | 0.001 | 0.003 | 0.001 | 0.001 | 0.002 | 0.017 | 0.024 | 0.0101 | 0.009 |
| 吉林 | 0.023 | 0.001 | 0.002 | 0.0006 | 0.005 | 0.005 | 0.004 | 0.003 | 0.029 | 0.039 | 0.028 | 0.036 |
| 黑龙江 | 0.015 | 0.014 | 0.012 | 0.0003 | 0.004 | 0.003 | 0.0005 | 0.021 | 0.024 | 0.043 | 0.019 | 0.018 |
| 上海 | 0.003 | 0.002 | 0.002 | 0.01 | 0.004 | 0.107 | 0.001 | 0.002 | 0.037 | 0.029 | 0.033 | 0.048 |
| 江苏 | 0.004 | 0.02 | 0.022 | 0.015 | 0.035 | 0.02 | 0.029 | 0.009 | 0.029 | 0.025 | 0.024 | 0.032 |
| 浙江 | 0.009 | 0.007 | 0.019 | 0.018 | 0.018 | 0.014 | 0.013 | 0.012 | 0.015 | 0.015 | 0.017 | 0.020 |
| 安徽 | 0.008 | 0.001 | 0.016 | 0.002 | 0.008 | 0.0003 | 0.001 | 0.003 | 0.075 | 0.052 | 0.035 | 0.040 |
| 福建 | 0.022 | 0.049 | 0.029 | 0.045 | 0.049 | 0.051 | 0.051 | 0.014 | 0.024 | 0.020 | 0.022 | 0.021 |
| 江西 | 0.005 | 0.028 | 0.005 | 0.039 | 0.046 | 0.043 | 0.026 | 0.041 | 0.032 | 0.026 | 0.026 | 0.030 |
| 山东 | 0.0249 | 0.025 | 0.023 | 0.035 | 0.032 | 0.015 | 0.014 | 0.010 | 0.019 | 0.015 | 0.015 | 0.015 |
| 河南 | 0.001 | 0.003 | 0.01 | 0.0005 | 0.006 | 0.018 | 0.048 | 0.014 | 0.024 | 0.032 | 0.034 | 0.043 |

续表

| 年份 | 2001 | 2002 | 2003 | 2004 | 2005 | 2006 | 2007 | 2008 | 2009 | 2010 | 2011 | 2012 |
|------|------|------|------|------|------|------|------|------|------|------|------|------|
| 湖北 | 0.020 | 0.012 | 0.007 | 0.032 | 0.001 | 0.004 | 0.0001 | 0.002 | 0.032 | 0.033 | 0.034 | 0.032 |
| 湖南 | 0.006 | 0.005 | 0.003 | 0.003 | 0.021 | 0.008 | 0.006 | 0.003 | 0.046 | 0.041 | 0.038 | 0.028 |
| 广东 | 0.034 | 0.041 | 0.058 | 0.086 | 0.025 | 0.019 | 0.015 | 0.013 | 0.019 | 0.016 | 0.019 | 0.023 |
| 广西 | 0.009 | 0.004 | 0.005 | 0.001 | 0.003 | 0.004 | 0.002 | 0.002 | 0.039 | 0.038 | 0.046 | 0.057 |
| 海南 | 0.139 | 0.154 | 0.129 | 0.178 | 0.234 | 0.179 | 0.139 | 0.113 | 0.067 | 0.045 | 0.041 | 0.096 |
| 重庆 | 0.023 | 0.202 | 0.026 | 0.013 | 0.015 | 0.014 | 0.008 | 0.002 | 0.031 | 0.036 | 0.048 | 0.067 |
| 四川 | 0.009 | 0.002 | 0.002 | 0.007 | 0.001 | 0.008 | 0.019 | 0.001 | 0.028 | 0.019 | 0.026 | 0.036 |
| 贵州 | 0.002 | 0.011 | 0.049 | 0.016 | 0.076 | 0.070 | 0.078 | 0.013 | 0.090 | 0.072 | 0.052 | 0.095 |
| 云南 | 0.0001 | 0.0001 | 0.040 | 0.097 | 0.038 | 0.077 | 0.001 | 0.102 | 0.114 | 0.048 | 0.067 | 0.052 |
| 西藏 | 0.0001 | 0.0001 | 0.028 | 0.086 | 0.089 | 0.063 | 0.044 | 0.026 | 0.020 | 0.024 | 0.013 | 0.017 |
| 陕西 | 0.023 | 0.008 | 0.008 | 0.0003 | 0.002 | 0.009 | 0.0003 | 0.001 | 0.060 | 0.044 | 0.039 | 0.037 |
| 甘肃 | 0.001 | 0.0004 | 0.005 | 0.005 | 0.009 | 0.005 | 0.004 | 0.060 | 0.061 | 0.037 | 0.046 | 0.036 |
| 青海 | 0.018 | 0.054 | 0.003 | 0.051 | 0.052 | 0.033 | 0.028 | 0.033 | 0.039 | 0.027 | 0.022 | 0.029 |
| 宁夏 | 0.004 | 0.013 | 0.034 | 0.056 | 0.016 | 0.029 | 0.015 | 0.014 | 0.015 | 0.016 | 0.034 | 0.018 |
| 新疆 | 0.001 | 0.006 | 0.01 | 0.002 | 0.005 | 0.012 | 0.004 | 0.037 | 0.056 | 0.021 | 0.028 | 0.024 |

资料来源：根据《中国科技统计资料汇编》整理而来。

地区金融机构科技贷款力度处于后五位的分别是黑龙江、宁夏、西藏、山东和辽宁，依次是 0.018、0.018、0.017、0.015、0.009；从各个地区金融机构科技贷款力度增长程度来看，2012 年比 2001 年平均增长超过 1 倍的地区为云南、西藏、贵州、河南、北京、甘肃、山西、新疆、上海和内蒙古，西藏增长较快的原因在于其 2001 年金融机构科技贷款力度较低；增长速度平均在 10% 以下的省份为陕西、湖北、吉林、黑龙江、福建、海南、广东和山东，其中，福建、海南、广东和山东金融机构科技贷款力度 2012 年比 2001 年平均增长为负，原因在于这四个省份在 2001 年的金融机构科技贷款力度处于全国前 7 位，而此后发展较缓。

**四　科技金融产出现状**

科技金融产出包括技术市场成交合同、专利、论文和高科技产业出口。

表 3 – 8 是技术市场成交率，用技术市场成交合同金额除以科技经费支出表示，从表 3 – 8 可以看出，截至 2012 年年末，地区技术市场成交率处于前五位的分别是北京、青海、甘肃、陕西和内蒙古，依次是 2.312、1.471、1.208、1.166、1.046；地区技术市场成交率处于后五位的分别是新疆、河南、浙江、海南和广西，依次是 0.136、0.128、0.113、0.041、0.026；从各个地区技术市场成交率增长程度来看，2012 年比 2001 年平均增长率处在前五位的地区为贵州、青海、陕西、甘肃和山西；平均增长速度为负增长的省份为江西、宁夏、山东、福建、云南、重庆、河南、浙江、湖南、新疆、广西和海南。

表 3 – 9 是 2001—2012 年国内中文期刊科技论文数，从表 3 – 9 可以看出，截至 2012 年年末，国内中文期刊科技论文数处于前五位的分别是北京、江苏、上海、湖北和广东，依次是 78758 篇、77244 篇、52399 篇、51745 篇、46314 篇；中文期刊科技论文数处于后五位的地区分别是新疆、宁夏、海南、青海和西藏，依次是 8189 篇、4750 篇、2286 篇、1917 篇、603 篇，可以看出，国内中文期刊科技

表3-8 技术市场成交率（技术市场成交合同金额/科技经费支出）

| 年份 | 2001 | 2002 | 2003 | 2004 | 2005 | 2006 | 2007 | 2008 | 2009 | 2010 | 2011 | 2012 |
|---|---|---|---|---|---|---|---|---|---|---|---|---|
| 北京 | 0.626 | 0.645 | 0.675 | 1.339 | 1.281 | 1.610 | 1.746 | 1.866 | 1.849 | 1.922 | 2.625 | 2.312 |
| 天津 | 0.605 | 0.589 | 0.646 | 0.838 | 0.699 | 0.618 | 0.631 | 0.556 | 0.591 | 0.520 | 0.780 | 0.644 |
| 河北 | 0.091 | 0.123 | 0.111 | 0.166 | 0.176 | 0.204 | 0.183 | 0.152 | 0.128 | 0.124 | 0.188 | 0.154 |
| 山西 | 0.050 | 0.121 | 0.078 | 0.257 | 0.183 | 0.163 | 0.168 | 0.205 | 0.200 | 0.206 | 0.270 | 0.231 |
| 内蒙古 | 0.671 | 0.489 | 0.739 | 1.335 | 0.940 | 0.649 | 0.454 | 0.278 | 0.284 | 0.426 | 1.246 | 1.046 |
| 辽宁 | 0.457 | 0.515 | 0.429 | 0.704 | 0.069 | 0.594 | 0.562 | 0.525 | 0.515 | 0.455 | 0.634 | 0.590 |
| 吉林 | 0.276 | 0.222 | 0.152 | 0.304 | 0.311 | 0.376 | 0.344 | 0.371 | 0.243 | 0.248 | 0.282 | 0.229 |
| 黑龙江 | 0.279 | 0.261 | 0.240 | 0.356 | 0.292 | 0.275 | 0.530 | 0.476 | 0.448 | 0.430 | 0.780 | 0.688 |
| 上海 | 0.553 | 0.541 | 0.564 | 1.003 | 1.112 | 1.196 | 1.154 | 1.087 | 1.028 | 0.896 | 0.868 | 0.763 |
| 江苏 | 0.274 | 0.265 | 0.281 | 0.420 | 0.374 | 0.199 | 0.182 | 0.162 | 0.154 | 0.291 | 0.376 | 0.311 |
| 浙江 | 0.341 | 0.353 | 0.391 | 0.503 | 0.237 | 0.178 | 0.161 | 0.171 | 0.142 | 0.122 | 0.136 | 0.113 |
| 安徽 | 0.150 | 0.143 | 0.134 | 0.239 | 0.311 | 0.312 | 0.368 | 0.330 | 0.262 | 0.282 | 0.401 | 0.306 |
| 福建 | 0.312 | 0.266 | 0.348 | 0.308 | 0.321 | 0.168 | 0.177 | 0.176 | 0.172 | 0.208 | 0.226 | 0.185 |
| 江西 | 0.355 | 0.361 | 0.366 | 0.435 | 0.390 | 0.246 | 0.204 | 0.123 | 0.129 | 0.264 | 0.411 | 0.350 |
| 山东 | 0.221 | 0.204 | 0.267 | 0.528 | 0.504 | 0.099 | 0.144 | 0.152 | 0.138 | 0.149 | 0.166 | 0.137 |
| 河南 | 0.366 | 0.290 | 0.299 | 0.480 | 0.474 | 0.297 | 0.259 | 0.208 | 0.151 | 0.129 | 0.151 | 0.128 |

续表

| 年份 | 2001 | 2002 | 2003 | 2004 | 2005 | 2006 | 2007 | 2008 | 2009 | 2010 | 2011 | 2012 |
|---|---|---|---|---|---|---|---|---|---|---|---|---|
| 湖北 | 0.384 | 0.408 | 0.423 | 0.815 | 0.669 | 0.471 | 0.469 | 0.422 | 0.361 | 0.343 | 0.608 | 0.511 |
| 湖南 | 0.531 | 0.523 | 0.560 | 1.102 | 0.937 | 0.849 | 0.627 | 0.423 | 0.287 | 0.215 | 0.181 | 0.147 |
| 广东 | 0.251 | 0.266 | 0.277 | 0.271 | 0.461 | 0.342 | 0.329 | 0.401 | 0.262 | 0.292 | 0.349 | 0.295 |
| 广西 | 0.172 | 0.194 | 0.161 | 0.767 | 0.644 | 0.052 | 0.045 | 0.082 | 0.037 | 0.066 | 0.031 | 0.026 |
| 海南 | 3.129 | 0.378 | 0.414 | 0.090 | 0.627 | 0.406 | 0.282 | 1.063 | 0.096 | 0.465 | 0.055 | 0.041 |
| 重庆 | 0.959 | 12.28 | 1.528 | 2.521 | 1.117 | 1.500 | 0.842 | 1.034 | 0.482 | 0.792 | 0.421 | 0.338 |
| 四川 | 0.136 | 0.069 | 0.097 | 0.212 | 0.198 | 0.241 | 0.218 | 0.272 | 0.255 | 0.207 | 0.378 | 0.317 |
| 贵州 | 0.006 | 0.109 | 0.125 | 0.156 | 0.095 | 0.037 | 0.048 | 0.107 | 0.067 | 0.257 | 0.266 | 0.232 |
| 云南 | 1.218 | 0.843 | 0.907 | 1.724 | 0.746 | 0.396 | 0.377 | 0.163 | 0.275 | 0.246 | 0.811 | 0.661 |
| 西藏 | — | — | — | — | — | — | — | — | — | — | — | — |
| 陕西 | 0.111 | 0.166 | 0.174 | 0.167 | 0.204 | 0.177 | 0.248 | 0.306 | 0.368 | 0.471 | 1.343 | 1.166 |
| 甘肃 | 0.138 | 0.256 | 0.328 | 0.831 | 0.881 | 0.894 | 1.019 | 0.936 | 0.956 | 1.027 | 1.506 | 1.208 |
| 青海 | 0.098 | 0.229 | 0.131 | 0.421 | 0.399 | 0.747 | 1.392 | 1.971 | 1.119 | 1.147 | 1.535 | 1.471 |
| 宁夏 | 0.171 | 0.152 | 0.161 | 0.420 | 0.446 | 0.107 | 0.089 | 0.119 | 0.086 | 0.087 | 0.190 | 0.160 |
| 新疆 | 0.608 | 0.715 | 0.805 | 2.218 | 1.249 | 0.895 | 0.716 | 0.462 | 0.055 | 0.169 | 0.163 | 0.136 |

资料来源：根据《中国科技统计资料汇编》整理而来。

表3-9 国内中文期刊科技论文数

单位：篇

| 年份 | 2001 | 2002 | 2003 | 2004 | 2005 | 2006 | 2007 | 2008 | 2009 | 2010 | 2011 | 2012 |
|---|---|---|---|---|---|---|---|---|---|---|---|---|
| 北京 | 4350 | 29871 | 31546 | 36726 | 46060 | 49730 | 54955 | 56047 | 62507 | 70627 | 74545 | 78758 |
| 天津 | 3401 | 8599 | 9504 | 11460 | 13077 | 14361 | 16024 | 15969 | 14700 | 16055 | 16913 | 16922 |
| 河北 | 9767 | 12485 | 14162 | 16696 | 17255 | 17509 | 18252 | 19293 | 20765 | 21900 | 22838 | 23220 |
| 山西 | 5184 | 7043 | 7925 | 6348 | 5854 | 6808 | 9651 | 8693 | 9947 | 10476 | 11402 | 10549 |
| 内蒙古 | 3226 | 4422 | 3844 | 4323 | 4290 | 4262 | 5315 | 6052 | 6725 | 6965 | 8896 | 9351 |
| 辽宁 | 11962 | 18128 | 19617 | 20969 | 21097 | 21955 | 25221 | 27959 | 32998 | 31448 | 36685 | 36659 |
| 吉林 | 5661 | 11406 | 13483 | 15045 | 15533 | 16478 | 15488 | 19053 | 18256 | 19952 | 19610 | 16602 |
| 黑龙江 | 7619 | 14821 | 13752 | 13052 | 13920 | 17437 | 22461 | 24613 | 25392 | 27982 | 29504 | 29420 |
| 上海 | 6185 | 21783 | 25355 | 28375 | 28658 | 34134 | 40397 | 48665 | 51094 | 49835 | 51696 | 52399 |
| 江苏 | 14099 | 29253 | 34339 | 34408 | 39868 | 46383 | 48465 | 53857 | 62636 | 68563 | 75298 | 77244 |
| 浙江 | 6986 | 17267 | 20398 | 22757 | 24358 | 26993 | 30438 | 29906 | 31187 | 31896 | 31273 | 32471 |
| 安徽 | 5362 | 9195 | 9412 | 11364 | 13774 | 15039 | 18153 | 21345 | 21572 | 22420 | 24295 | 25234 |
| 福建 | 4436 | 7167 | 7098 | 6156 | 6940 | 7848 | 8811 | 10884 | 10173 | 110547 | 11627 | 10878 |
| 江西 | 4990 | 5171 | 5592 | 6645 | 7759 | 10635 | 13334 | 12659 | 13286 | 15410 | 16418 | 16913 |
| 山东 | 11397 | 17574 | 19219 | 21976 | 24186 | 27697 | 29520 | 34361 | 33711 | 33741 | 32890 | 34229 |
| 河南 | 8853 | 9248 | 10812 | 13243 | 18919 | 24843 | 24714 | 25526 | 28142 | 28274 | 30175 | 31153 |

续表

| 年份 | 2001 | 2002 | 2003 | 2004 | 2005 | 2006 | 2007 | 2008 | 2009 | 2010 | 2011 | 2012 |
|------|------|------|------|------|------|------|------|------|------|------|------|------|
| 湖北 | 7289 | 26876 | 30349 | 32762 | 36823 | 42769 | 46537 | 47326 | 48079 | 49174 | 52318 | 51745 |
| 湖南 | 8338 | 15088 | 17304 | 18297 | 20564 | 23529 | 25631 | 26258 | 28300 | 30334 | 32013 | 32060 |
| 广东 | 11101 | 17310 | 19153 | 25710 | 27042 | 30494 | 33152 | 35733 | 39073 | 42304 | 43134 | 46314 |
| 广西 | 4707 | 5403 | 7071 | 8371 | 8211 | 11105 | 11961 | 14442 | 16421 | 16366 | 16966 | 17047 |
| 海南 | 866 | 1006 | 1032 | 1082 | 1162 | 1330 | 1547 | 1400 | 1789 | 1980 | 2243 | 2286 |
| 重庆 | 3581 | 7316 | 9058 | 9910 | 11319 | 12957 | 13741 | 14354 | 16820 | 17933 | 19317 | 20476 |
| 四川 | 5426 | 13123 | 16380 | 19797 | 23976 | 29747 | 33875 | 36798 | 38130 | 40651 | 42041 | 41887 |
| 贵州 | 2511 | 2316 | 2114 | 2311 | 2974 | 4330 | 5055 | 5795 | 6577 | 7919 | 7388 | 8297 |
| 云南 | 4369 | 4833 | 5674 | 6296 | 5263 | 5637 | 6626 | 8162 | 9681 | 10524 | 10811 | 10469 |
| 西藏 | — | — | 252 | 96 | 75 | 157 | 157 | 110 | 315 | 347 | 497 | 603 |
| 陕西 | 6788 | 18872 | 22110 | 22828 | 25090 | 29627 | 34055 | 34569 | 35572 | 37078 | 41417 | 39244 |
| 甘肃 | 2685 | 4606 | 5375 | 5354 | 6205 | 7247 | 7974 | 8883 | 9060 | 11159 | 9978 | 9818 |
| 青海 | 1345 | 1236 | 978 | 1189 | 1227 | 1470 | 1580 | 1635 | 1315 | 1318 | 1788 | 1917 |
| 宁夏 | 1203 | 1483 | 1437 | 1908 | 1924 | 1899 | 1819 | 2137 | 2938 | 3919 | 4830 | 4750 |
| 新疆 | 3404 | 2941 | 2945 | 2775 | 4353 | 4499 | 5753 | 8229 | 6377 | 7377 | 8006 | 8189 |

资料来源：根据《中国科技统计资料汇编》整理而来。

论文数量较多的地区基本是高等教育发展较好的省份；从各个地区国内中文期刊科技论文增长程度来看，2012 年比 2001 年平均增长率处在前五位的地区为北京、上海、四川、湖北和陕西，平均增长速度处在后五位的省份为新疆、云南、河北、山西和青海。

表 3 – 10 是 2001—2012 年论文产出率，用国内中文期刊科技论文数除以科技经费支出表示，从表 3 – 10 可以看出，截至 2012 年年末，论文产出率处于前五位的地区分别是福建、宁夏、黑龙江、贵州和西藏，依次是 0.041、0.021、0.019、0.019 和 0.019，这些地区论文产出率居于前五位的主要原因在于其科技经费支出较少；地区论文产出率处于后五位的分别是江苏、天津、浙江、山东和广东，依次是 0.005、0.004、0.004、0.003、0.003，这些地区论文产出率居于后五位的主要原因在于其科技经费支出较多；从各个地区论文产出率增长程度来看，2012 年比 2001 年平均增长率为正增长的地区为北京、福建、上海、四川、湖北、陕西和甘肃，黑龙江和吉林为零增长，其他地区为负增长。

表 3 – 11 是 2001—2012 年专利申请授权量，从表 3 – 11 可以看出，截至 2012 年年末，专利申请授权量处于前五位的分别是江苏、浙江、广东、山东和上海，依次是 269944 件、188463 件、153598 件、75496 件、51508 件；专利申请授权量处于后五位的分别是内蒙古、海南、宁夏、青海和西藏，依次是 3084 件、1093 件、844 件、527 件和 133 件，可以看出，专利申请授权量较多的地区基本是经济发展较好的东部地区；从各个地区专利申请授权量增长程度来看，2012 年比 2001 年平均增长率超过 1 倍的地区为江苏、安徽、浙江、重庆和四川，平均增长速度低于 30% 的省份为内蒙古、吉林、宁夏和海南。

表 3 – 12 是 2001—2012 年专利产出率，用专利申请授权量除以科技经费支出表示，从表 3 – 12 可以看出，截至 2012 年年末，地区专利产出率处于前五位的分别是浙江、江苏、安徽、贵州和黑龙江，依次是 0.026、0.021、0.015、0.015、0.014，黑龙江和贵州地区专利产出率居于前五位的主要原因在于其科技经费支出较少；地区专利

表3-10　论文产出率（国内中文期刊科技论文数/科技经费支出）

| 年份 | 2001 | 2002 | 2003 | 2004 | 2005 | 2006 | 2007 | 2008 | 2009 | 2010 | 2011 | 2012 |
|---|---|---|---|---|---|---|---|---|---|---|---|---|
| 北京 | 0.001 | 0.009 | 0.008 | 0.012 | 0.012 | 0.011 | 0.011 | 0.010 | 0.009 | 0.005 | 0.007 | 0.007 |
| 天津 | 0.008 | 0.014 | 0.015 | 0.021 | 0.018 | 0.015 | 0.014 | 0.010 | 0.008 | 0.001 | 0.005 | 0.004 |
| 河北 | 0.019 | 0.025 | 0.023 | 0.038 | 0.029 | 0.023 | 0.020 | 0.018 | 0.015 | 0.001 | 0.010 | 0.009 |
| 山西 | 0.018 | 0.022 | 0.019 | 0.027 | 0.022 | 0.019 | 0.020 | 0.014 | 0.012 | 0.003 | 0.009 | 0.008 |
| 内蒙古 | 0.035 | 0.037 | 0.026 | 0.055 | 0.037 | 0.026 | 0.022 | 0.018 | 0.013 | 0.001 | 0.008 | 0.007 |
| 辽宁 | 0.013 | 0.018 | 0.014 | 0.020 | 0.017 | 0.016 | 0.015 | 0.015 | 0.014 | 0.002 | 0.009 | 0.008 |
| 吉林 | 0.018 | 0.030 | 0.023 | 0.042 | 0.040 | 0.040 | 0.030 | 0.036 | 0.022 | 0.006 | 0.020 | 0.018 |
| 黑龙江 | 0.019 | 0.032 | 0.027 | 0.037 | 0.028 | 0.031 | 0.034 | 0.028 | 0.023 | 0.003 | 0.020 | 0.019 |
| 上海 | 0.003 | 0.010 | 0.010 | 0.017 | 0.014 | 0.013 | 0.013 | 0.014 | 0.012 | 0.002 | 0.009 | 0.007 |
| 江苏 | 0.007 | 0.013 | 0.013 | 0.016 | 0.015 | 0.013 | 0.011 | 0.009 | 0.009 | 0.001 | 0.006 | 0.005 |
| 浙江 | 0.008 | 0.016 | 0.015 | 0.020 | 0.015 | 0.012 | 0.011 | 0.009 | 0.008 | 0.001 | 0.005 | 0.004 |
| 安徽 | 0.013 | 0.017 | 0.014 | 0.030 | 0.030 | 0.025 | 0.025 | 0.022 | 0.016 | 0.002 | 0.010 | 0.008 |
| 福建 | 0.010 | 0.015 | 0.015 | 0.013 | 0.013 | 0.012 | 0.011 | 0.011 | 0.008 | 0.002 | 0.005 | 0.041 |
| 江西 | 0.028 | 0.030 | 0.025 | 0.0317 | 0.027 | 0.028 | 0.027 | 0.020 | 0.018 | 0.002 | 0.014 | 0.014 |
| 山东 | 0.008 | 0.010 | 0.010 | 0.015 | 0.012 | 0.012 | 0.009 | 0.008 | 0.006 | 0.001 | 0.004 | 0.003 |
| 河南 | 0.015 | 0.015 | 0.017 | 0.031 | 0.034 | 0.031 | 0.024 | 0.021 | 0.016 | 0.002 | 0.011 | 0.009 |

续表

| 年份 | 2001 | 2002 | 2003 | 2004 | 2005 | 2006 | 2007 | 2008 | 2009 | 2010 | 2011 | 2012 |
|---|---|---|---|---|---|---|---|---|---|---|---|---|
| 湖北 | 0.008 | 0.031 | 0.031 | 0.058 | 0.049 | 0.045 | 0.042 | 0.032 | 0.023 | 0.002 | 0.015 | 0.013 |
| 湖南 | 0.015 | 0.024 | 0.026 | 0.049 | 0.046 | 0.044 | 0.035 | 0.023 | 0.018 | 0.001 | 0.012 | 0.011 |
| 广东 | 0.005 | 0.007 | 0.006 | 0.012 | 0.011 | 0.010 | 0.008 | 0.007 | 0.006 | 0.001 | 0.004 | 0.003 |
| 广西 | 0.021 | 0.024 | 0.027 | 0.071 | 0.056 | 0.061 | 0.054 | 0.044 | 0.035 | 0.005 | 0.020 | 0.017 |
| 海南 | 0.032 | 0.042 | 0.036 | 0.052 | 0.073 | 0.063 | 0.059 | 0.042 | 0.031 | 0.015 | 0.017 | 0.014 |
| 重庆 | 0.012 | 0.219 | 0.025 | 0.042 | 0.035 | 0.035 | 0.029 | 0.024 | 0.021 | 0.001 | 0.013 | 0.011 |
| 四川 | 0.006 | 0.012 | 0.012 | 0.025 | 0.025 | 0.028 | 0.024 | 0.023 | 0.018 | 0.002 | 0.013 | 0.012 |
| 贵州 | 0.025 | 0.019 | 0.015 | 0.027 | 0.027 | 0.030 | 0.037 | 0.031 | 0.025 | 0.005 | 0.018 | 0.019 |
| 云南 | 0.021 | 0.023 | 0.022 | 0.050 | 0.025 | 0.027 | 0.026 | 0.026 | 0.026 | 0.006 | 0.017 | 0.015 |
| 西藏 | — | — | 0.023 | 0.026 | 0.021 | 0.0314 | 0.023 | 0.009 | 0.022 | 0.017 | 0.027 | 0.019 |
| 陕西 | 0.009 | 0.021 | 0.023 | 0.027 | 0.027 | 0.029 | 0.028 | 0.024 | 0.019 | 0.002 | 0.014 | 0.013 |
| 甘肃 | 0.013 | 0.022 | 0.023 | 0.037 | 0.032 | 0.030 | 0.031 | 0.028 | 0.024 | 0.012 | 0.019 | 0.018 |
| 青海 | 0.028 | 0.023 | 0.015 | 0.039 | 0.042 | 0.045 | 0.041 | 0.042 | 0.017 | 0.006 | 0.010 | 0.010 |
| 宁夏 | 0.023 | 0.027 | 0.023 | 0.063 | 0.061 | 0.038 | 0.024 | 0.028 | 0.028 | 0.003 | 0.019 | 0.021 |
| 新疆 | 0.025 | 0.021 | 0.020 | 0.046 | 0.068 | 0.053 | 0.057 | 0.051 | 0.029 | 0.009 | 0.019 | 0.019 |

资料来源：根据《中国科技统计资料汇编》整理而来。

表3-11　专利申请授权量

单位：件

| 年份 | 2001 | 2002 | 2003 | 2004 | 2005 | 2006 | 2007 | 2008 | 2009 | 2010 | 2011 | 2012 |
|---|---|---|---|---|---|---|---|---|---|---|---|---|
| 北京 | 6246 | 6345 | 8248 | 9005 | 10100 | 11238 | 14954 | 17747 | 22921 | 33511 | 40888 | 50511 |
| 天津 | 1829 | 1827 | 2505 | 2578 | 3045 | 4159 | 5584 | 6790 | 7404 | 11006 | 13982 | 19782 |
| 河北 | 2791 | 3353 | 3572 | 3407 | 3585 | 4131 | 5358 | 5496 | 6839 | 10061 | 11119 | 15315 |
| 山西 | 1047 | 934 | 1175 | 1189 | 1220 | 1421 | 1992 | 2279 | 3227 | 4752 | 4974 | 7196 |
| 内蒙古 | 743 | 679 | 817 | 831 | 845 | 978 | 1313 | 1328 | 1494 | 2096 | 2262 | 3084 |
| 辽宁 | 4448 | 4551 | 5656 | 5749 | 6195 | 7399 | 9615 | 10665 | 12198 | 17093 | 19176 | 21223 |
| 吉林 | 1443 | 1507 | 1690 | 2145 | 2023 | 2319 | 2855 | 2984 | 3275 | 4343 | 4920 | 5930 |
| 黑龙江 | 1870 | 2083 | 2794 | 2809 | 2906 | 3622 | 4303 | 4574 | 5079 | 6780 | 12236 | 20268 |
| 上海 | 5371 | 6695 | 16671 | 10625 | 12603 | 16602 | 24481 | 24468 | 34913 | 48215 | 47960 | 51508 |
| 江苏 | 6158 | 7595 | 9840 | 11330 | 13580 | 19352 | 31770 | 44438 | 87286 | 138382 | 199814 | 269944 |
| 浙江 | 8312 | 10479 | 14402 | 15249 | 19056 | 30968 | 42069 | 52953 | 79945 | 114643 | 130190 | 188463 |
| 安徽 | 1278 | 1419 | 1610 | 1607 | 1939 | 2235 | 3413 | 4346 | 8594 | 16012 | 32681 | 43321 |
| 福建 | 3296 | 4001 | 5377 | 4758 | 5147 | 6412 | 7761 | 7937 | 11282 | 18063 | 21857 | 30497 |
| 江西 | 999 | 1044 | 1238 | 1169 | 1361 | 1536 | 2069 | 2295 | 2915 | 4349 | 5550 | 7985 |
| 山东 | 6725 | 7293 | 9067 | 9733 | 10743 | 15937 | 22821 | 26688 | 34513 | 51490 | 58844 | 75496 |
| 河南 | 2582 | 2590 | 2961 | 3318 | 3748 | 5242 | 6998 | 9133 | 11425 | 16539 | 19259 | 26791 |

续表

| 年份 | 2001 | 2002 | 2003 | 2004 | 2005 | 2006 | 2007 | 2008 | 2009 | 2010 | 2011 | 2012 |
|---|---|---|---|---|---|---|---|---|---|---|---|---|
| 湖北 | 2204 | 2209 | 2871 | 3280 | 3860 | 4734 | 6616 | 8374 | 11357 | 17362 | 19035 | 24475 |
| 湖南 | 2401 | 2347 | 3175 | 3281 | 3659 | 5608 | 5687 | 6133 | 8309 | 13873 | 16064 | 23212 |
| 广东 | 18259 | 22761 | 29235 | 31446 | 36894 | 43516 | 56451 | 62031 | 83621 | 119343 | 128413 | 153598 |
| 广西 | 1099 | 1054 | 1331 | 1272 | 1225 | 1442 | 1907 | 2228 | 2702 | 3647 | 4402 | 5900 |
| 海南 | 303 | 199 | 296 | 278 | 200 | 248 | 296 | 341 | 630 | 714 | 765 | 1093 |
| 重庆 | 1197 | 1761 | 2883 | 3601 | 3591 | 4590 | 4994 | 4820 | 7501 | 12080 | 15525 | 20364 |
| 四川 | 3357 | 3403 | 4051 | 4430 | 4606 | 7138 | 9935 | 13369 | 20132 | 32212 | 28446 | 42218 |
| 贵州 | 642 | 615 | 723 | 737 | 925 | 1337 | 1727 | 1728 | 2084 | 3086 | 3386 | 6059 |
| 云南 | 1347 | 1128 | 1213 | 1264 | 1381 | 1637 | 2139 | 2021 | 2923 | 3823 | 4199 | 5853 |
| 西藏 | 22 | 7 | 16 | 23 | 44 | 81 | 68 | 93 | 292 | 124 | 142 | 133 |
| 陕西 | 1354 | 1524 | 1609 | 2007 | 1894 | 2473 | 3451 | 4392 | 6087 | 10034 | 11662 | 14908 |
| 甘肃 | 512 | 397 | 474 | 514 | 547 | 832 | 1025 | 1047 | 1274 | 1868 | 2383 | 3662 |
| 青海 | 101 | 85 | 90 | 70 | 79 | 97 | 222 | 228 | 368 | 264 | 538 | 527 |
| 宁夏 | 231 | 216 | 338 | 293 | 214 | 290 | 296 | 606 | 910 | 1081 | 613 | 844 |
| 新疆 | 755 | 627 | 752 | 792 | 921 | 1187 | 1534 | 1493 | 1866 | 2562 | 2642 | 3439 |

资料来源：根据《中国科技统计资料汇编》整理而来。

表 3 – 12　　专利产出率（专利申请授权量/科技经费支出）

| 年份 | 2001 | 2002 | 2003 | 2004 | 2005 | 2006 | 2007 | 2008 | 2009 | 2010 | 2011 | 2012 |
|---|---|---|---|---|---|---|---|---|---|---|---|---|
| 北京 | 0.002 | 0.002 | 0.002 | 0.003 | 0.003 | 0.003 | 0.003 | 0.003 | 0.003 | 0.004 | 0.004 | 0.005 |
| 天津 | 0.004 | 0.003 | 0.004 | 0.005 | 0.004 | 0.004 | 0.005 | 0.004 | 0.004 | 0.005 | 0.005 | 0.005 |
| 河北 | 0.005 | 0.007 | 0.006 | 0.008 | 0.006 | 0.005 | 0.006 | 0.005 | 0.005 | 0.006 | 0.006 | 0.006 |
| 山西 | 0.004 | 0.003 | 0.003 | 0.005 | 0.005 | 0.004 | 0.004 | 0.004 | 0.004 | 0.005 | 0.004 | 0.005 |
| 内蒙古 | 0.008 | 0.006 | 0.006 | 0.011 | 0.007 | 0.006 | 0.005 | 0.004 | 0.003 | 0.003 | 0.003 | 0.003 |
| 辽宁 | 0.005 | 0.005 | 0.004 | 0.005 | 0.005 | 0.005 | 0.006 | 0.006 | 0.005 | 0.006 | 0.005 | 0.005 |
| 吉林 | 0.005 | 0.004 | 0.003 | 0.006 | 0.005 | 0.006 | 0.006 | 0.006 | 0.004 | 0.006 | 0.006 | 0.005 |
| 黑龙江 | 0.005 | 0.005 | 0.006 | 0.008 | 0.006 | 0.006 | 0.007 | 0.005 | 0.005 | 0.006 | 0.010 | 0.014 |
| 上海 | 0.003 | 0.003 | 0.007 | 0.006 | 0.006 | 0.006 | 0.008 | 0.007 | 0.008 | 0.010 | 0.008 | 0.008 |
| 江苏 | 0.003 | 0.003 | 0.004 | 0.005 | 0.005 | 0.006 | 0.007 | 0.008 | 0.012 | 0.016 | 0.019 | 0.021 |
| 浙江 | 0.009 | 0.009 | 0.011 | 0.013 | 0.012 | 0.014 | 0.015 | 0.015 | 0.020 | 0.023 | 0.022 | 0.026 |
| 安徽 | 0.003 | 0.003 | 0.002 | 0.004 | 0.004 | 0.004 | 0.005 | 0.004 | 0.006 | 0.010 | 0.015 | 0.015 |
| 福建 | 0.008 | 0.008 | 0.011 | 0.010 | 0.010 | 0.010 | 0.009 | 0.008 | 0.008 | 0.011 | 0.010 | 0.011 |
| 江西 | 0.006 | 0.006 | 0.005 | 0.005 | 0.005 | 0.004 | 0.004 | 0.004 | 0.004 | 0.005 | 0.006 | 0.007 |
| 山东 | 0.005 | 0.004 | 0.005 | 0.007 | 0.006 | 0.007 | 0.007 | 0.006 | 0.007 | 0.008 | 0.007 | 0.007 |
| 河南 | 0.004 | 0.004 | 0.005 | 0.008 | 0.007 | 0.007 | 0.007 | 0.007 | 0.007 | 0.008 | 0.007 | 0.009 |

续表

| 年份 | 2001 | 2002 | 2003 | 2004 | 2005 | 2006 | 2007 | 2008 | 2009 | 2010 | 2011 | 2012 |
|---|---|---|---|---|---|---|---|---|---|---|---|---|
| 湖北 | 0.002 | 0.003 | 0.003 | 0.006 | 0.005 | 0.005 | 0.006 | 0.006 | 0.005 | 0.007 | 0.006 | 0.006 |
| 湖南 | 0.004 | 0.004 | 0.005 | 0.009 | 0.008 | 0.010 | 0.008 | 0.005 | 0.005 | 0.007 | 0.007 | 0.008 |
| 广东 | 0.009 | 0.009 | 0.010 | 0.015 | 0.015 | 0.014 | 0.014 | 0.012 | 0.013 | 0.015 | 0.012 | 0.012 |
| 广西 | 0.005 | 0.005 | 0.005 | 0.011 | 0.008 | 0.008 | 0.009 | 0.007 | 0.006 | 0.006 | 0.005 | 0.006 |
| 海南 | 0.011 | 0.008 | 0.010 | 0.013 | 0.013 | 0.012 | 0.011 | 0.010 | 0.011 | 0.010 | 0.007 | 0.008 |
| 重庆 | 0.004 | 0.053 | 0.008 | 0.015 | 0.011 | 0.012 | 0.011 | 0.008 | 0.009 | 0.012 | 0.012 | 0.013 |
| 四川 | 0.004 | 0.003 | 0.003 | 0.006 | 0.005 | 0.007 | 0.007 | 0.008 | 0.009 | 0.012 | 0.010 | 0.012 |
| 贵州 | 0.006 | 0.005 | 0.005 | 0.008 | 0.008 | 0.009 | 0.013 | 0.009 | 0.008 | 0.010 | 0.009 | 0.015 |
| 云南 | 0.006 | 0.005 | 0.005 | 0.010 | 0.006 | 0.008 | 0.008 | 0.007 | 0.008 | 0.009 | 0.007 | 0.009 |
| 西藏 | 0.002 | 0.001 | 0.001 | 0.006 | 0.013 | 0.016 | 0.010 | 0.008 | 0.020 | 0.008 | 0.012 | 0.007 |
| 陕西 | 0.002 | 0.002 | 0.002 | 0.002 | 0.002 | 0.002 | 0.003 | 0.003 | 0.003 | 0.005 | 0.005 | 0.005 |
| 甘肃 | 0.003 | 0.002 | 0.002 | 0.004 | 0.003 | 0.004 | 0.004 | 0.003 | 0.003 | 0.004 | 0.005 | 0.006 |
| 青海 | 0.002 | 0.002 | 0.001 | 0.002 | 0.003 | 0.003 | 0.006 | 0.006 | 0.005 | 0.003 | 0.004 | 0.004 |
| 宁夏 | 0.004 | 0.004 | 0.005 | 0.010 | 0.007 | 0.006 | 0.004 | 0.008 | 0.009 | 0.009 | 0.004 | 0.005 |
| 新疆 | 0.006 | 0.004 | 0.005 | 0.013 | 0.014 | 0.014 | 0.015 | 0.009 | 0.009 | 0.010 | 0.008 | 0.009 |

资料来源：根据《中国科技统计资料汇编》整理而来。

产出率处于后五位的分别是吉林、陕西、宁夏、青海和内蒙古，依次是0.005、0.005、0.005、0.004 和 0.003；从各个地区专利产出率增长程度来看，2012 年比 2001 年平均增长率处于前五位的地区为江苏、安徽、西藏、重庆和四川，增长率处于后五位的地区为江西、辽宁、吉林、海南、内蒙古，其中，辽宁和吉林为零增长，海南和内蒙古为负增长。

表 3 - 13 是 2001—2012 年高技术产业出口额，从表 3 - 13 可以看出，截至 2012 年年末，高技术产业出口额处于前五位的地区分别是广东、江苏、福建、天津和北京，依次是 4722.22 亿元、3513.25 亿元、721.77 亿元、597.56 亿元和 437.78 亿元；高技术产业出口额处于后五位的地区分别是新疆、内蒙古、青海、西藏和海南，依次是 8565.7 万元、6055 万元、431 万元、259 万元和 59 万元；从各个地区高技术产业出口额增长程度来看，2012 年比 2001 年平均增长率大于 10 倍的地区为安徽、甘肃、湖北、新疆和宁夏，甘肃和新疆高技术产业出口额增长率大于 10 倍的原因在于其 2001 年的高技术产业出口额较低；增长率处于 30% 以下的地区为北京、吉林、黑龙江、四川和辽宁，北京高技术产业出口额增长率较低原因在于 2001 年的期初额较低。

表 3 - 14 是 2001—2012 年高技术产业出口产出率，用高科技产业出口额除以科技经费支出表示，从表 3 - 14 可以看出，截至 2012 年年末，高技术产业出口产出率处于前五位的地区分别是广东、江苏、福建、天津和上海，依次是 3.820、2.728、2.663、1.658 和 0.529；高技术产业出口产出率处于后五位的地区分别是吉林、内蒙古、黑龙江、青海和海南，依次是 0.008、0.006、0.006、0.003 和 0.0004；从各个地区高技术产业出口产出率增长程度来看，2012 年比 2001 年平均增长率大于 1 倍的地区为甘肃、安徽、新疆、宁夏、湖北、山东和重庆；增长率处于后五位的地区为吉林、天津、黑龙江、四川和辽宁，其中，黑龙江、四川和辽宁处于负增长。

高技术产业出口额

单位：万元

表 3 - 13

| 年份 | 2001 | 2002 | 2003 | 2004 | 2005 | 2006 | 2007 | 2008 | 2009 | 2010 | 2011 | 2012 |
|---|---|---|---|---|---|---|---|---|---|---|---|---|
| 北京 | 1028944 | 913273 | 114480 | 1323455 | 576295.7 | 556795.8 | 7217601.9 | 6441990.1 | 6056879.7 | 6056879.7 | 5341788 | 4377753 |
| 天津 | 757332 | 920381 | 1161666 | 5557449 | 2335621.7 | 2502651.4 | 3496118.1 | 4806447.2 | 5264794 | 5264794 | 3969225 | 5975620 |
| 河北 | 10808 | 9421 | 16383 | 29289 | 28165.5 | 28617.5 | 46970.6 | 64260.9 | 92134.9 | 92134.9 | 103887.5 | 224954 |
| 山西 | 1816 | 730 | 494.47 | 884 | 602.6 | 961.4 | 120 | 420 | 2181.4 | 2181.4 | 33179.3 | 25185 |
| 内蒙古 | 199.7 | 80.3 | 54.4 | 1443.6 | 984 | 1570 | 196 | 3593.8 | 240 | 240 | 14108.8 | 6055 |
| 辽宁 | 274190 | 658907 | 674833 | 377457 | 208970 | 60220.8 | 377904.8 | 970117.4 | 384575.1 | 384575.1 | 840163.6 | 443742 |
| 吉林 | 2162 | 5023 | 6354 | 12611 | 16284.5 | 17513.3 | 16384.3 | 8741.2 | 7988.5 | 7988.5 | 15730 | 8697 |
| 黑龙江 | 2679 | 3168 | 52598 | 2395 | 37009.7 | 3715 | 23727.7 | 18244.8 | 19322 | 19322 | 3225.8 | 8711 |
| 上海 | 813560 | 1531636 | 2285669 | 4786105 | 5792998.1 | 7575218.6 | 2913910.2 | 2831704.5 | 4169736.1 | 4169736.1 | 3957500 | 3599183 |
| 江苏 | 815524 | 1718959 | 1172595 | 1837144 | 1129690.8 | 1985638.2 | 7057016.9 | 16992021.3 | 8410940.9 | 8410940.9 | 28292023 | 35132522 |
| 浙江 | 146097 | 182062 | 405347 | 760403 | 1140439.7 | 1658511.4 | 2202937.8 | 2158908.3 | 2138709.8 | 2138709.8 | 3271083 | 3572754 |
| 安徽 | 1118 | 14542 | 27144 | 11184 | 5359.5 | 10013.9 | 78402.6 | 20850.2 | 66790.2 | 66790.2 | 248574.6 | 837760 |
| 福建 | 591942 | 664739 | 3042807 | 3163394 | 3685312 | 4121220.3 | 5229021.7 | 6375979.2 | 4451887.4 | 4451887.4 | 4573688 | 7217675 |
| 江西 | 10291 | 14101 | 28677 | 71068 | 72050.1 | 54417.9 | 69946 | 67398.6 | 85335.5 | 85335.5 | 266664 | 211516 |
| 山东 | 31697 | 247557 | 87219 | 1030404 | 496205.1 | 604360.1 | 1857304.6 | 2664208.6 | 1560861.6 | 1560861.6 | 4778544 | 3348870 |
| 河南 | 19334 | 1218 | 16291 | 127829 | 55221 | 51281.3 | 129595.9 | 87502 | 74529.8 | 74529.8 | 130998.4 | 123752 |

续表

| 年份 | 2001 | 2002 | 2003 | 2004 | 2005 | 2006 | 2007 | 2008 | 2009 | 2010 | 2011 | 2012 |
|---|---|---|---|---|---|---|---|---|---|---|---|---|
| 湖北 | 4315 | 9960 | 7994 | 23268 | 22590.5 | 61020.6 | 97554.3 | 160162.6 | 670949.6 | 670949.6 | 292580.2 | 588021 |
| 湖南 | 11027 | 7627 | 10108 | 19881 | 18315.2 | 31490.1 | 36716.3 | 38615.2 | 99001.9 | 99001.9 | 156302.1 | 320250 |
| 广东 | 2444642 | 1986753 | 4383558 | 7735892 | 10595445.6 | 135503374.2 | 11988146.2 | 18882098 | 15039556.9 | 15039556.9 | 42830898 | 47222246 |
| 广西 | 3140 | 1211 | 770 | 6464 | 9884.7 | 3817.3 | 10402 | 26142.1 | 9383.2 | 9383.2 | 32910 | 22289 |
| 海南 | 8.3 | 3.2 | 2 | 17.1 | 26.21 | 6.1 | 27.59 | 69.34 | 12.7 | 12.7 | 1.4 | 59 |
| 重庆 | 2190 | 2348 | 645 | 7707 | 8598.4 | 81751.2 | 148518.6 | 119583.1 | 98004.2 | 98004.2 | 2078245 | 140365 |
| 四川 | 88041 | 36456 | 585749 | 305533 | 344984.2 | 304634.3 | 300431 | 554902.8 | 410373.5 | 410373.5 | 234048.6 | 206589 |
| 贵州 | 2908 | 4996 | 58154 | 12514 | 29573.9 | 67605 | 53630 | 8467.7 | 58556.1 | 58556.1 | 42663.7 | 37471 |
| 云南 | 6895 | 4664 | 4977 | 9620 | 6944.3 | 5919.1 | 45668.1 | 25165.7 | 21313.7 | 21313.7 | 15543.6 | 33978 |
| 西藏 | 52.6 | 35.6 | 37.9 | 73.4 | 53.01 | 45.18 | 348.6 | 192.10 | 408.4 | 408.4 | 119 | 259 |
| 陕西 | 7382 | 20890 | 22494 | 24388 | 23912.5 | 81717.3 | 49730.2 | 48148.9 | 47317.4 | 47317.4 | 108978.4 | 99714 |
| 甘肃 | 240 | 247 | 112 | 600 | 15941.7 | 54478.2 | 2759.4 | 109.9 | 5678.3 | 5678.3 | 30337.7 | 66417 |
| 青海 | 26.7 | 75.6 | 736 | 88.3 | 86.63 | 296.1 | 180 | 156 | 111.8 | 111.8 | 196.6 | 431 |
| 宁夏 | 214 | 193 | 965 | 1392 | 19370.8 | 31948 | 43560 | 43760.2 | 38862 | 38862 | 3787 | 25697 |
| 新疆 | 71.3 | 64.3 | 321.7 | 3705 | 2651.8 | 9666.6 | 26602.2 | 1929.9 | 12670.2 | 12670.2 | 1262.3 | 8565.7 |

资料来源：根据《中国高新技术产业统计年鉴》整理而来。

表 3 - 14　　高技术产业出口产出率（高科技产业出口额/科技经费支出）

| 年份 | 2001 | 2002 | 2003 | 2004 | 2005 | 2006 | 2007 | 2008 | 2009 | 2010 | 2011 | 2012 |
|---|---|---|---|---|---|---|---|---|---|---|---|---|
| 北京 | 0.337 | 0.266 | 0.029 | 0.417 | 0.151 | 0.128 | 1.428 | 1.171 | 0.906 | 0.737 | 0.570 | 0.412 |
| 天津 | 1.497 | 1.491 | 1.786 | 10.34 | 3.219 | 2.629 | 3.048 | 3.087 | 2.950 | 2.293 | 1.333 | 1.658 |
| 河北 | 0.021 | 0.019 | 0.027 | 0.067 | 0.048 | 0.037 | 0.052 | 0.059 | 0.068 | 0.059 | 0.052 | 0.092 |
| 山西 | 0.006 | 0.002 | 0.001 | 0.004 | 0.002 | 0.003 | 0.0002 | 0.001 | 0.003 | 0.002 | 0.029 | 0.019 |
| 内蒙古 | 0.002 | 0.001 | 0.0004 | 0.019 | 0.008 | -0.010 | 0.001 | 0.011 | 0.0005 | 0.0004 | 0.017 | 0.006 |
| 辽宁 | 0.307 | 0.668 | 0.468 | 0.353 | 0.168 | 0.044 | 0.228 | 0.510 | 0.166 | 0.134 | 0.231 | 0.114 |
| 吉林 | 0.007 | 0.013 | 0.011 | 0.036 | 0.041 | 0.043 | 0.032 | 0.017 | 0.010 | 0.011 | 0.018 | 0.008 |
| 黑龙江 | 0.007 | 0.007 | 0.104 | 0.007 | 0.076 | 0.007 | 0.036 | 0.021 | 0.018 | 0.016 | 0.003 | 0.006 |
| 上海 | 0.424 | 0.688 | 0.902 | 2.797 | 2.780 | 2.927 | 0.948 | 0.797 | 0.985 | 0.866 | 0.662 | 0.529 |
| 江苏 | 0.423 | 0.765 | 0.431 | 0.859 | 0.419 | 0.574 | 1.640 | 2.925 | 1.198 | 0.980 | 2.655 | 2.728 |
| 浙江 | 0.157 | 0.165 | 0.299 | 0.658 | 0.698 | 0.740 | 0.782 | 0.627 | 0.536 | 0.433 | 0.547 | 0.494 |
| 安徽 | 0.003 | 0.026 | 0.041 | 0.029 | 0.012 | 0.017 | 0.109 | 0.021 | 0.049 | 0.041 | 0.116 | 0.297 |
| 福建 | 1.349 | 1.369 | 6.344 | 6.894 | 6.873 | 6.115 | 6.364 | 6.255 | 3.288 | 2.605 | 2.065 | 2.663 |
| 江西 | 0.058 | 0.081 | 0.126 | 0.330 | 0.253 | 0.144 | 0.143 | 0.107 | 0.112 | 0.098 | 0.276 | 0.186 |
| 山东 | 0.022 | 0.146 | 0.044 | 0.725 | 0.254 | 0.258 | 0.595 | 0.614 | 0.300 | 0.232 | 0.566 | 0.328 |
| 河南 | 0.033 | 0.002 | 0.025 | 0.301 | 0.099 | 0.064 | 0.128 | 0.072 | 0.043 | 0.035 | 0.049 | 0.039 |

续表

| 年份 | 2001 | 2002 | 2003 | 2004 | 2005 | 2006 | 2007 | 2008 | 2009 | 2010 | 2011 | 2012 |
|------|------|------|------|------|------|------|------|------|------|------|------|------|
| 湖北 | 0.005 | 0.012 | 0.008 | 0.041 | 0.030 | 0.065 | 0.088 | 0.108 | 0.314 | 0.254 | 0.091 | 0.153 |
| 湖南 | 0.020 | 0.012 | 0.015 | 0.054 | 0.041 | 0.059 | 0.049 | 0.034 | 0.064 | 0.053 | 0.067 | 0.111 |
| 广东 | 1.139 | 0.772 | 1.505 | 3.663 | 4.347 | 4.314 | 2.965 | 3.757 | 2.303 | 1.859 | 4.097 | 3.820 |
| 广西 | 0.014 | 0.005 | 0.003 | 0.054 | 0.068 | 0.021 | 0.047 | 0.079 | 0.019 | 0.015 | 0.041 | 0.023 |
| 海南 | 0.0003 | 0.0001 | 0.0001 | 0.0008 | 0.002 | 0.0003 | 0.001 | 0.002 | 0.0002 | 0.0002 | 0.0001 | 0.0004 |
| 重庆 | 0.007 | 0.071 | 0.002 | 0.033 | 0.027 | 0.222 | 0.316 | 0.199 | 0.123 | 0.098 | 1.619 | 0.088 |
| 四川 | 0.095 | 0.032 | 0.443 | 0.392 | 0.357 | 0.283 | 0.216 | 0.346 | 0.191 | 0.155 | 0.079 | 0.059 |
| 贵州 | 0.029 | 0.040 | 0.406 | 0.144 | 0.268 | 0.466 | 0.390 | 0.045 | 0.222 | 0.195 | 0.118 | 0.089 |
| 云南 | 0.033 | 0.022 | 0.019 | 0.077 | 0.033 | 0.028 | 0.176 | 0.081 | 0.057 | 0.048 | 0.028 | 0.049 |
| 西藏 | 0.006 | 0.004 | 0.003 | 0.020 | 0.015 | 0.009 | 0.050 | 0.016 | 0.028 | 0.028 | 0.010 | 0.015 |
| 陕西 | 0.009 | 0.023 | 0.023 | 0.029 | 0.026 | 0.081 | 0.041 | 0.034 | 0.025 | 0.022 | 0.044 | 0.035 |
| 甘肃 | 0.001 | 0.001 | 0.001 | 0.029 | 0.081 | 0.227 | 0.011 | 0.0003 | 0.015 | 0.014 | 0.063 | 0.109 |
| 青海 | 0.001 | 0.001 | 0.012 | 0.004 | 0.003 | 0.009 | 0.005 | 0.004 | 0.001 | 0.001 | 0.002 | 0.003 |
| 宁夏 | 0.004 | 0.003 | 0.015 | 0.0452 | 0.611 | 0.639 | 0.583 | 0.579 | 0.372 | 0.338 | 0.025 | 0.141 |
| 新疆 | 0.0005 | 0.0005 | 0.002 | 0.046 | 0.041 | 0.114 | 0.266 | 0.012 | 0.058 | 0.048 | 0.004 | 0.022 |

## 第二节 区域科技金融发展水平测定

本部分选择 4 个一级指标构成区域科技金融发展水平的指标体系，通过赋值权重水平，测算出我国 31 个省份的科技金融发展水平，并进行了分析比较。

### 一 科技金融发展水平指标的组成

科技金融发展水平指标由 4 个一级指标组成，包括科技金融资源发展水平、科技金融经费水平、科技金融贷款水平以及科技金融产出水平，其中各项一级指标又包括若干项二级指标，如表 3 - 15 所示。

表 3 - 15　　　　　　　　科技金融发展水平指标的组成

| 指数名称 | 计算方法 |
| --- | --- |
| 科技金融资源发展水平 | |
| 科技人力资源 | 科技活动人员/地区总人口 |
| 研发机构资源 | 研发机构数量/地区总人口 |
| 科技金融经费水平 | |
| 财政拨款力度 | 财政科技拨款/财政支出 |
| 研发经费力度 | 研发经费支出/地区 GDP |
| 科技经费力度 | 科技经费支出/地区 GDP |
| 科技金融贷款水平 | |
| 科技贷款力度 | 金融机构科技贷款/科技经费支出 |
| 科技金融产出水平 | |
| 技术市场成交率 | 技术市场成交合同金额/科技经费支出 |
| 论文产出率 | 国内中文期刊科技论文数/科技经费支出 |
| 专利产出率 | 专利申请授权量/科技经费支出 |
| 出口产出率 | 高科技产业出口额/科技经费支出 |

### 二 指标计算方法及权重

（一）指标计算方法

本套指标体系由 4 个一级指标、10 个二级指标组成，首先要对各项单项指标设定基期年份。在本研究中，以 2001 年为基期，并对基期指标进行处理，各个单项指标在 2001 年的最小值和最大值分别设定为 0 和 100 分值。各项指标得分按照式（3 - 1）计算：

$$第\ i\ 个指标得分 = \frac{x_i - x_{\min}}{x_{\max} - x_{\min}} \times 100 \qquad (3-1)$$

在式（3 - 1）中，$x_i$ 为地区第 $i$ 个指标的指标值，$x_{\min}$ 为各地区 2001 年第 $i$ 个指标的最小指标值，$x_{\max}$ 为各地区 2001 年第 $i$ 个指标的最大指标值。将各个二级指标按照上述公式计算得分之后，再将二级指标按照加权计算形成 4 个一级指标得分，这 4 个一级指标最终加权计算可得出科技金融发展水平。

对于其他非基期指标，按照下列公式计算：

$$第\ i\ 个指标\ t\ 年得分 = \frac{x_{i(t)} - x_{\min(0)}}{x_{\max(0)} - x_{\min(0)}} \times 100 \qquad (3-2)$$

其中，$x_{i(t)}$ 为非基期的各项指标，$x_{\min(0)}$ 为 2001 年第 $i$ 个指标的最小指标值，$x_{\max(0)}$ 为 2001 年第 $i$ 个指标的最大指标值。

（二）权重设置

权重设置方法较多，有采用层次分析法（王海，2003），但是，这种方法需要专家在互不知情的情况下打分，不然会带有主观性；也有采用主成分分析法（赵昌文，2009），但是要处理跨年度带来的数据不可比性问题。因此，为了避免这些因素的影响，本书采用最简单的算术平均法来设置权重。

三 科技金融发展水平测定

根据式（3 - 1）、式（3 - 2）以及设置的权重，我们可以计算出科技金融投入和产出水平，结果在表 3 - 16 中。表 3 - 16 显示了科技金融发展水平的 4 个一级指标值，从科技金融资源水平指标整体来看，2001—2012 年处于增长趋势，由 2001 年的 10.13 增加到 2012 年的 36.26，具体说，该指标先增长后降低，然后再增加，先由 2001 年的 10.13 增加到 2008 年的 40.64，而后减少到 2010 年的 30.36，再增加到 2012 年的 36.26，标准差随着年份增长在不断增加，表明地区之间科技金融资源水平差距在增加，科技人员和机构的投入处于不均衡状态，而且这种不均衡在逐年增加；科技金融经费水平指标整体处于增长趋势，由 2001 年的 27.60 增加到 2012 年的 41.97，中间波动较小，标准差随着年份增长在不断增加，说明地区之间科技金融经费水平差距在增加，财政拨款、研发经费和科技经费的投入在地区间处于不均衡状态，而且这种不均衡在逐年增加；科技金融贷款水平反映了地区科技金融贷款力度，从整体水平看，由 2001 年的 10.19 增加到 2012 年的 26.89，但是中间波动较大，2008 年又回到 10.98，而后逐渐增加到 26.89，而标准差也处于波动状态，整体来看，标准差处于降低趋势，说明地区间科技金融贷款水平差距逐渐减少，金融机构科技贷款占科技经费支出的比重在地区间的差距在逐渐缩小；从科技金融产出水平来看，整体处于增长趋势，由 2001 年的 24.65 增加到 2012 年的 39.58，中间出现较大波动，2004 年增加到最大 54.08，其标准差除 2001 年较小、2002 年表现出较大外，其他年份标准差变化较小，说明自 2003 年以后，科技金融产出水平在地区间的差异变化不大，以前的差异既没得到改善，也没有继续恶化。

表 3-16　　　　　　　　　　科技金融投入和产出水平

| 年份 | 科技金融资源水平 | | 科技金融经费水平 | | 科技金融贷款水平 | | 科技金融产出水平 | |
|---|---|---|---|---|---|---|---|---|
| | 均值 | 标准差 | 均值 | 标准差 | 均值 | 标准差 | 均值 | 标准差 |
| 2001 | 10.13 | 17.92 | 27.60 | 19.60 | 10.19 | 18.25 | 24.65 | 13.58 |
| 2002 | 9.84 | 17.29 | 27.86 | 21.75 | 17.22 | 32.58 | 40.58 | 68.92 |
| 2003 | 9.71 | 17.23 | 27.83 | 20.07 | 12.65 | 18.39 | 32.43 | 24.18 |
| 2004 | 31.74 | 31.03 | 25.11 | 22.55 | 15.31 | 25.60 | 54.08 | 29.09 |
| 2005 | 34.49 | 32.13 | 27.27 | 23.14 | 16.54 | 30.85 | 48.33 | 29.13 |
| 2006 | 36.20 | 32.79 | 28.28 | 25.79 | 16.58 | 27.01 | 47.16 | 26.29 |
| 2007 | 38.98 | 35.63 | 30.77 | 25.85 | 11.75 | 19.59 | 46.29 | 23.09 |
| 2008 | 40.64 | 35.26 | 30.67 | 26.38 | 10.98 | 16.74 | 43.67 | 24.05 |
| 2009 | 29.01 | 31.55 | 35.69 | 30.91 | 25.55 | 12.40 | 36.54 | 17.03 |
| 2010 | 30.36 | 31.47 | 33.97 | 30.81 | 23.31 | 10.25 | 29.28 | 17.95 |
| 2011 | 33.01 | 32.24 | 34.63 | 33.30 | 23.42 | 11.14 | 37.81 | 21.52 |
| 2012 | 36.26 | 34.05 | 41.97 | 41.95 | 26.89 | 15.69 | 39.58 | 24.22 |

资料来源：数据由公式计算得来。

表3-17是各地区的科技金融发展水平，北京地区从2001—2012年其科技金融发展水平处于不断增长趋势，中间波动较小，由2001年的52.99增加到2012年的109.09，增长了1.06倍，2001—2012年均值达到77.39；天津地区从2001—2012年其科技金融发展水平处于不断增长趋势，由2001年的30.31增加到2012年的53.73，增长了0.773倍，但是中间波动较大，2007年达到最大值64.07，随后又减少到2010年的48.19，2001—2012年的均值达到49.08；河北地区从2001—2012年其科技金融发展水平增幅较小，由2001年的11.30增加到2012年的16.57，增长了0.47倍，但是中间波动较大，2004年达到最大值19.14，随后又减少到2008年的13.55，然后增加到2009年的18.11，而后又减少到2012年的16.57，2001—2012年的均值达到14.85；山西地区从2001—2012年其科技金融发展水平增幅较小，由2001年的11.48增加到2012年的19.75，增长了0.72倍，但是中间波动较大，2011年达到最大值20.76，随后又减少到2012年的19.75，2001—2012年的均值达到16.79；内蒙古地区从2001—2012年其科技金融发展水平增幅较小，由2001年的11.30增加到2012年的16.31，增长0.44倍，但是中间波动较大，2005年达到最大值19.90，随后又减少到2009年的16.67，再减少到2011年的13.59，2012年又增加到16.31，2001—2012年的均值达到14.71；辽宁地区从2001—2012年其科技金融发展水平处于增长趋势，由2001年的17.81增加到2012年的25.87，增长了0.45倍，但是中间也少有起伏，2002年达到最大值29.93，随后又减少到2006年的26.01，再增加到2008年的28.28，2012年又减少到25.87，2001—2012年的均值达到25.61；吉林地区从2001—2012年其科技金融发展水平处于增长趋势，由2001年的17.77增加到2012年的25.65，增长0.44倍，但是中间也少有起伏，2003年减少到12.88，随后持续增加，还算稳定，2001—2012年的均值达到21.56；黑龙江地区从2001—2012年其科技金融发展水平处于增长趋势，由2001年的18.68增加到2012年的28.48，增长了0.52倍，中间起伏较小，2001—2012年的均值达到23.48；上海地区从2001—2012年其科技金

表3-17　　各地区科技金融发展水平

| 年份 | 2001 | 2002 | 2003 | 2004 | 2005 | 2006 | 2007 | 2008 | 2009 | 2010 | 2011 | 2012 | 均值 |
|---|---|---|---|---|---|---|---|---|---|---|---|---|---|
| 北京 | 52.99 | 53.68 | 49.26 | 69.69 | 64.85 | 71.48 | 79.29 | 77.87 | 95.71 | 98.85 | 105.97 | 109.09 | 77.39 |
| 天津 | 30.31 | 27.60 | 29.15 | 58.30 | 55.75 | 54.07 | 64.07 | 62.95 | 51.99 | 48.19 | 52.81 | 53.73 | 49.08 |
| 河北 | 11.30 | 11.99 | 11.89 | 19.14 | 15.87 | 14.12 | 14.56 | 13.55 | 18.11 | 17.18 | 13.86 | 16.57 | 14.85 |
| 山西 | 11.48 | 10.99 | 10.13 | 18.53 | 18.29 | 17.44 | 20.07 | 18.55 | 19.02 | 16.40 | 20.76 | 19.75 | 16.79 |
| 内蒙古 | 11.30 | 15.51 | 13.43 | 15.89 | 19.90 | 15.86 | 13.78 | 13.45 | 16.67 | 10.87 | 13.59 | 16.31 | 14.71 |
| 辽宁 | 17.81 | 29.93 | 20.81 | 27.87 | 26.50 | 26.01 | 26.45 | 28.28 | 26.49 | 25.71 | 25.60 | 25.87 | 25.61 |
| 吉林 | 17.77 | 15.39 | 12.88 | 21.26 | 22.72 | 24.09 | 22.91 | 23.51 | 24.24 | 23.79 | 24.44 | 25.65 | 21.56 |
| 黑龙江 | 18.68 | 19.89 | 19.81 | 23.91 | 23.45 | 22.23 | 25.11 | 25.70 | 24.24 | 24.93 | 25.35 | 28.48 | 23.48 |
| 上海 | 24.09 | 27.63 | 35.35 | 67.61 | 68.26 | 82.62 | 66.37 | 63.14 | 74.61 | 64.23 | 67.43 | 76.94 | 59.86 |
| 江苏 | 14.15 | 20.01 | 19.45 | 30.84 | 36.37 | 37.46 | 46.47 | 51.93 | 42.29 | 43.05 | 55.65 | 61.87 | 38.29 |
| 浙江 | 19.78 | 21.90 | 26.60 | 41.29 | 44.92 | 48.26 | 48.73 | 50.17 | 42.07 | 43.84 | 46.38 | 51.91 | 40.49 |
| 安徽 | 8.20 | 8.074 | 9.69 | 13.59 | 15.01 | 13.81 | 16.98 | 17.23 | 31.39 | 28.84 | 32.29 | 35.34 | 19.20 |
| 福建 | 24.80 | 30.66 | 51.17 | 60.02 | 63.14 | 60.2 | 61.73 | 55.34 | 36.20 | 34.12 | 33.60 | 45.52 | 46.38 |
| 江西 | 14.35 | 17.86 | 12.56 | 24.12 | 24.73 | 23.03 | 20.31 | 21.27 | 17.72 | 14.60 | 18.16 | 19.53 | 19.02 |
| 山东 | 18.65 | 18.23 | 18.08 | 31.21 | 27.81 | 25.91 | 27.75 | 27.19 | 22.12 | 22.21 | 25.45 | 26.07 | 24.23 |

续表

| 年份 | 2001 | 2002 | 2003 | 2004 | 2005 | 2006 | 2007 | 2008 | 2009 | 2010 | 2011 | 2012 | 均值 |
|---|---|---|---|---|---|---|---|---|---|---|---|---|---|
| 河南 | 9.51 | 9.56 | 11.10 | 18.29 | 18.99 | 20.75 | 26.38 | 19.32 | 18.81 | 18.67 | 20.87 | 24.28 | 18.05 |
| 湖北 | 11.55 | 15.23 | 15.22 | 31.99 | 24.88 | 26.01 | 25.00 | 23.78 | 28.51 | 25.34 | 28.25 | 28.37 | 23.67 |
| 湖南 | 13.59 | 14.63 | 14.03 | 23.69 | 27.05 | 25.58 | 22.39 | 18.03 | 22.95 | 20.14 | 22.14 | 22.38 | 20.55 |
| 广东 | 33.36 | 36.68 | 41.89 | 67.89 | 63.62 | 63.67 | 58.13 | 62.34 | 43.89 | 42.85 | 50.47 | 55.28 | 51.67 |
| 广西 | 12.28 | 12.11 | 14.41 | 26.97 | 22.76 | 22.47 | 22.23 | 19.03 | 22.28 | 16.99 | 21.53 | 24.14 | 19.77 |
| 海南 | 45.91 | 43.00 | 38.92 | 52.72 | 68.79 | 56.17 | 48.25 | 42.26 | 31.74 | 24.64 | 21.91 | 33.08 | 42.28 |
| 重庆 | 15.98 | 14.59 | 20.88 | 32.99 | 27.47 | 29.86 | 27.69 | 23.72 | 24.49 | 23.97 | 35.36 | 33.97 | 25.91 |
| 四川 | 12.73 | 10.59 | 14.16 | 22.14 | 19.59 | 23.35 | 26.44 | 22.77 | 30.99 | 26.74 | 30.47 | 34.50 | 22.87 |
| 贵州 | 13.20 | 13.34 | 20.81 | 18.96 | 24.68 | 33.21 | 26.14 | 20.85 | 21.09 | 25.88 | 23.06 | 35.64 | 23.07 |
| 云南 | 14.35 | 13.47 | 20.15 | 29.11 | 22.07 | 19.89 | 16.41 | 18.77 | 17.12 | 22.19 | 27.49 | 26.26 | 20.61 |
| 陕西 | 20.21 | 22.56 | 19.99 | 24.85 | 24.37 | 26.34 | 25.12 | 23.15 | 46.44 | 38.34 | 39.63 | 61.18 | 31.02 |
| 甘肃 | 9.02 | 10.03 | 10.58 | 18.85 | 18.41 | 18.97 | 18.83 | 27.47 | 29.50 | 22.79 | 27.19 | 32.81 | 20.37 |
| 青海 | 12.86 | 17.99 | 6.74 | 23.16 | 25.11 | 22.69 | 25.67 | 27.99 | 22.25 | 15.39 | 16.31 | 20.09 | 19.69 |
| 宁夏 | 13.07 | 14.71 | 16.55 | 19.26 | 20.33 | 21.84 | 18.66 | 22.33 | 22.00 | 17.20 | 19.52 | 19.39 | 18.74 |
| 新疆 | 11.03 | 12.38 | 13.98 | 12.65 | 14.03 | 14.24 | 16.56 | 22.73 | 25.92 | 18.97 | 20.99 | 21.26 | 17.06 |
| 均值 | 18.14 | 23.88 | 20.66 | 31.56 | 31.66 | 32.06 | 31.95 | 31.49 | 31.69 | 29.23 | 32.22 | 36.17 | |

融发展水平处于增长趋势，由 2001 年的 24.09 增加到 2012 年的 76.94，增长了 2.19 倍，但是中间有波动，2006 年增加到最大值 82.62，2010 年减少到 64.23，随后持续增加，2001—2012 年的均值达到 59.86；江苏地区从 2001—2012 年其科技金融发展水平处于增长趋势，由 2001 年的 14.15 增加到 2012 年的 61.87，增长了 3.37 倍，中间波动较少，基本是持续增长，2001—2012 年的均值达到 38.29。

浙江从 2001—2012 年其科技金融发展水平处于增长趋势，由 2001 年的 19.78 增加到 2012 年的 51.91，增长了 1.62 倍，中间波动较少，基本是持续增长，2001—2012 年的均值达到 40.49；安徽地区从 2001—2012 年其科技金融发展水平处于增长趋势，由 2001 年的 8.20 增加到 2012 年的 35.34，增长了 3.31 倍，中间波动较少，基本是持续增长，2001—2012 年的均值达到 19.20；福建地区从 2001—2012 年其科技金融发展水平处于增长趋势，由 2001 年的 24.80 增加到 2012 年的 45.52，增长了 0.84 倍，中间有波动，2005 年达到最大值 63.14，随后减少到 2011 年的 33.60，再增加到 2012 年的 45.52，2001—2012 年的均值达到 46.38；江西地区从 2001—2012 年其科技金融发展水平有少许增长，由 2001 年的 14.35 增加到 2012 年的 19.53，增长了 0.36 倍，中间有波动，2005 年达到最大值 24.73，随后减少到 2010 年的 14.60，再增加到 2012 年的 19.53，2001—2012 年的均值达到 19.02；山东地区从 2001—2012 年其科技金融发展水平有少许增长，由 2001 年的 18.65 增加到 2012 年的 26.07，增长了 0.40 倍，中间有波动，但波动较小，2001—2012 年的均值达到 24.23；河南地区从 2001—2012 年其科技金融发展水平处于增长趋势，由 2001 年的 9.51 增加到 2012 年的 24.28，增长了 1.55 倍，中间有波动，2007 年达到最大值 26.38，随后减少到 2010 年的 18.67，再增加到 2012 年的 24.28，2001—2012 年的均值达到 18.05；湖北地区从 2001—2012 年其科技金融发展水平处于增长趋势，由 2001 年的 11.55 增加到 2012 年的 28.37，增长了 1.46 倍，中间有波动，2004 年达到最大值 31.99，随后减少到 2008 年的 23.78，然后再继续增加，2001—2012 年的均值达到 23.67；湖南地区从 2001—2012 年其科技金融发展水平处于增长趋势，由 2001 年的 13.59 增加到 2012 年的 22.38，增长了 0.65 倍，中间有波动，2005 年达到最大值 27.05，随后减少到 2008 年的 18.03，然后再继续增加，2001—2012 年的均值达到 20.55；广东地区从 2001—2012 年其科技金融发展水平处于增长趋势，由 2001 年的 33.36 增加到 2012 年的 55.28，增长了 0.65 倍，中间有波动，2004 年达到最大值 67.89，随后减少到 2010 年的 42.85，然后再继续增加，2001—2012 年的均值达到 51.67；广西地区从 2001—2012 年其科技金融发展水平处于增长趋势，由 2001 年的 12.28 增加到 2012 年的 24.14，增长了 0.97 倍，中间有波动，2004 年达到最大值 26.97，随后减少到 2010 年的 16.99，然后再继续增加，2001—2012 年的均值达到 19.77；海南地区从 2001—2012 年其科技金融发展水平处于减少趋势，由 2001 年的 45.91 增加到 2012 年的 33.08，减少了 0.28 倍，中间有波动，2005 年达到最大值 68.79，随后处于减少状态，2001—2012 年的均值达到 42.28。

重庆从 2001—2012 年其科技金融发展水平处于增长趋势，由 2001 年的 15.98 增加到 2012 年的 33.97，增长了 1.13 倍，中间虽有波动，但较小，2001—2012 年的均值达到 25.91；四川地区从 2001—2012 年其科技金融发展水平处于增长趋势，由 2001 年的 12.73 增加到 2012 年的 34.50，增长了 1.71 倍，中间虽有波动，但较小，2001—2012 年的均值达到 22.87；贵州地区从 2001—2012 年其科技金融发展水平处于增长趋势，由 2001 年的 13.20 增加到 2012 年的 35.64，增长了 1.7 倍，中间虽有波动，但较小，2001—2012 年的均值达到 23.07；云南地区从 2001—2012 年其科技金融发展水平处于增长趋势，由 2001 年的 14.35 增加到 2012 年的 26.26，增长了 0.83 倍，中间有波动，2004 年达到最大值 29.11，随后减少到 2007 年的 16.41，之后再持续增加，2001—2012 年的均值达到 20.61；陕西地区从 2001—2012 年其科技金融发展水平处于增长趋势，由 2001 年的 20.21 增加到 2012 年的 61.18，增长了 2.03 倍，中间波动较少，显示出持续增长，2001—2012 年的均值达到 31.02；甘肃地区从 2001—2012 年其科技金融发展水平处于增长趋势，由 2001 年的 9.02 增加到

2012 年的 32.81，增长了 2.64 倍，中间波动较少，显示出持续增长，2001—2012 年的均值达到 20.37；青海地区从 2001—2012 年其科技金融发展水平处于增长趋势，由 2001 年的 12.86 增加到 2012 年的 20.09，增长了 0.56 倍，中间有波动，2008 年达到最大值 27.99，随后减少到 2010 年的 15.39，之后再继续增加，2001—2012 年的均值达到 19.69；宁夏地区从 2001—2012 年其科技金融发展水平处于增长趋势，由 2001 年的 13.07 增加到 2012 年的 19.39，增长了 0.48 倍，中间波动较小，2001—2012 年的均值达到 18.74；新疆地区从 2001—2012 年其科技金融发展水平处于增长趋势，由 2001 年的 11.03 增加到 2012 年的 21.26，增长了 0.93 倍，中间波动较小，2001—2012 年的均值达到 17.06。

截至 2012 年，科技金融发展水平处于前五位的地区是北京、上海、江苏、陕西和广东，处于后五位的地区是山西、江西、宁夏、河北和内蒙古；在起点 2001 年，科技金融发展水平处于前五位的地区是北京、海南、广东、天津和福建，处于后五位的地区是内蒙古、新疆、河南、甘肃和安徽；在 2001—2012 年，增长速度大于 1 倍的地区是江苏、安徽、甘肃、上海、陕西、四川、贵州、浙江、河南、湖北、重庆和北京，增长速度处于后五位的地区是吉林、内蒙古、山东、江西和海南，并且海南地区处于负增长。从均值来看，2001—2012 年科技金融发展水平位于前五位的地区是北京、上海、广东、天津和福建，位于后五位的地区是河南、新疆、山西、河北和内蒙古。

从全国来看，科技金融发展水平处于增长趋势，由 2001 年的 18.14 增加到 2012 年的 36.17，增长了 0.99 倍，但是，也应该看到，我国科技金融发展水平整体还处于较低状态。

表 3 - 18 是 2001—2012 年各地区间科技金融发展水平差异，从表3 - 18可以看出，2001 年科技金融发展水平最大值为 52.99，最小值为 8.2，相差 44.79；2002 年科技金融发展水平最大值为 53.68，最小值为 8.07，相差 45.61；2003 年科技金融发展水平最大值为 51.17，最小值为 6.74，相差 44.43；2004 年科技金融发展水平最大值为 69.69，最小值为 12.65，相差 57.04；2005 年科技金融发展水

平最大值为 68.79，最小值为 14.03，相差 54.76；2006 年科技金融发展水平最大值为 82.62，最小值为 13.81，相差 68.81；2007 年科技金融发展水平最大值为 79.29，最小值为 13.78，相差 65.51；2008 年科技金融发展水平最大值为 77.87，最小值为 13.45，相差 64.42；2009 年科技金融发展水平最大值为 95.71，最小值为 16.67，相差 79.04；2010 年科技金融发展水平最大值为 98.85，最小值为 10.87，相差 87.98；2011 年科技金融发展水平最大值为 105.97，最小值为 13.59，相差 92.38；2012 年科技金融发展水平最大值为 109.09，最小值为 16.31，相差 92.78。以上可以看出，虽然各地区科技金融发展水平不断提高，但地区间的差距不断拉大。

表 3 – 18　　　　2001—2012 年地区间科技金融发展水平差异

| 年份 | 地区数 | 最小值 | 最大值 | 极差 | 标准差 |
| --- | --- | --- | --- | --- | --- |
| 2001 | 30 | 8.2 | 52.99 | 44.79 | 10.42 |
| 2002 | 30 | 8.07 | 53.68 | 45.61 | 10.55 |
| 2003 | 30 | 6.74 | 51.17 | 44.43 | 11.68 |
| 2004 | 30 | 12.65 | 69.69 | 57.04 | 17.19 |
| 2005 | 30 | 14.03 | 68.79 | 54.76 | 17.63 |
| 2006 | 30 | 13.81 | 82.62 | 68.81 | 18.52 |
| 2007 | 30 | 13.78 | 79.29 | 65.51 | 17.96 |
| 2008 | 30 | 13.45 | 77.87 | 64.42 | 17.62 |
| 2009 | 30 | 16.67 | 95.71 | 79.04 | 17.51 |
| 2010 | 30 | 10.87 | 98.85 | 87.98 | 17.67 |
| 2011 | 30 | 13.59 | 105.97 | 92.38 | 19.12 |
| 2012 | 30 | 16.31 | 109.09 | 92.78 | 20.68 |

## 四　区域科技金融发展水平

表 3 – 19 是东部地区、中部地区和西部地区科技金融发展水平比较，表中显示，东部地区 2001—2012 年科技金融发展水平处于增长趋势，由 2001 年的 26.65 增加到 2012 年的 50.54，中部地区科技金融发展水平较低，增长也较慢，2001 年为 13.14，2012 年为 25.47，

与中部地区相比，西部地区虽远远落后于东部地区，但还略胜于中部地区，2001 年为 13.27，2012 年为 29.59。

**表 3 -19**           **区域间科技金融发展水平比较**

| 年份 | 2001 | 2002 | 2003 | 2004 | 2005 | 2006 | 2007 | 2008 | 2009 | 2010 | 2011 | 2012 |
|---|---|---|---|---|---|---|---|---|---|---|---|---|
| 东部地区 | 26.65 | 29.21 | 31.14 | 47.87 | 48.72 | 49.08 | 49.25 | 48.64 | 44.11 | 42.26 | 45.37 | 50.54 |
| 中部地区 | 13.14 | 13.95 | 13.17 | 21.92 | 21.89 | 21.62 | 22.39 | 20.92 | 23.36 | 21.59 | 24.03 | 25.47 |
| 西部地区 | 13.27 | 14.29 | 15.61 | 22.26 | 21.70 | 22.61 | 21.59 | 22.02 | 25.34 | 21.76 | 25.01 | 29.59 |

图 3 -1 详细展现了东部地区、中部地区和西部地区科技金融发展水平的变化趋势，总的来说，东部地区科技金融发展水平增长趋势比中部地区和西部地区要快，中部地区和西部地区的增长不分上下，三个区域大致都表现为：在 2001—2004 年增长较大，2004—2008 年增长缓慢，在 2008—2009 年，中部地区和西部地区表现为增长，东部地区却表现为降低，2009—2010 年表现一致，都为降低，2010—2012 年，三个区域的科技金融发展水平开始增长迅速。

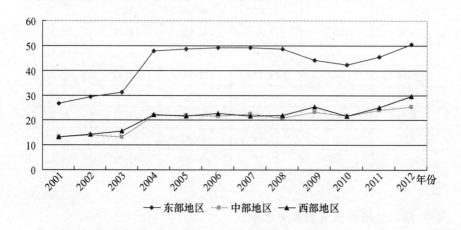

图 3 -1   区域间科技金融发展水平比较

通过选择 10 个二级指标、4 个一级指标，对 2001—2012 年各地区的科技金融发展水平进行了测定，发现：从全国来看，科技金融发展水平处于增长趋势，由 2001 年的 18.14 增加到 2012 年的 36.17，增长了 0.99 倍，但是也可以看出，我国科技金融发展水平整体还处于较低状态。

2001—2012 年，除海南地区外，其他地区的科技金融水平都处在增长状态；虽然各地区科技金融发展水平在不断提高，但地区间的差距在不断拉大。

从区域科技金融来看，与中部地区相比，西部地区科技金融发展水平虽远远落后于东部地区，但略胜于中部地区；东部地区科技金融发展水平增长趋势比中部地区和西部地区要快，中部地区和西部地区的增长不分上下。

# 第四章 高新技术企业发展
## 现状与融资效率

本部分研究了高新技术企业发展现状与融资效率。首先采用统计年鉴数据对高新技术企业的数量、盈利水平等方面进行了描述，并对东部、中部、西部高新技术企业的发展现状进行比较；然后采用数据包络分析（DEA）方法对高新技术企业融资效率进行了测量，并比较了东部、中部、西部地区高新技术企业融资效率的差异。

## 第一节 高新技术企业发展现状

### 一 高新技术企业发展总体概况

（一）高新技术企业生产经营状况

表4-1是我国高新技术企业2000—2013年生产经营情况，截至2013年，我国高新技术企业总数为26894个，从业人数为1294万人，主营业务收入总额为116049亿元，利润总额为7234亿元，上缴利税为11117亿元，出口交货总值为49285亿元；其中，高新技术企业数量由2000年的9758个增加到2013年的26894个，增长1.76倍，从业人员由2000年的390万人增加到2013年的1294万人，增加2.32倍，总产值由2000年的10411亿元增加到2011年的88434亿元，增加7.49倍，主营业务收入由2000年的10034亿元增加到2013年的116049亿元，增加10.57倍，利润由2000年的673亿元增加到2013年的7234亿元，增加9.75倍，利税由2000年的1033亿元增加到

2013 年的 11117 亿元，增加 9.76 倍，出口交货值由 2000 年的 3396 亿元增加到 2013 年的 49285 亿元，增加 13.51 倍。可以看出，我国高新技术企业利润增长与主营业务收入增长几乎同步，并远远大于企业数量及从业人数增长。

表 4 - 1　　　　　　　　　高新技术企业生产经营状况

| 指标 | 2000 年 | 2005 年 | 2008 年 | 2009 年 | 2010 年 | 2011 年 | 2012 年 | 2013 年 |
|---|---|---|---|---|---|---|---|---|
| 企业数（个） | 9758 | 17527 | 25817 | 27218 | 28189 | 21682 | 24636 | 26894 |
| 从业人员年均人数（万人） | 390 | 663 | 945 | 958 | 1092 | 1147 | 1269 | 1294 |
| 当年价总产值（亿元） | 10411 | 34367 | 57087 | 60430 | 74709 | 88434 | — | — |
| 主营业务收入（亿元） | 10034 | 33922 | 55729 | 59567 | 74483 | 87527 | 102284 | 116049 |
| 利润（亿元） | 673 | 1423 | 2725 | 3279 | 4880 | 5245 | 6186 | 7234 |
| 利税（亿元） | 1033 | 2090 | 4024 | 4660 | 6753 | 7814 | 9494 | 11117 |
| 出口交货值（亿元） | 3396 | 17636 | 31504 | 29500 | 37002 | 40600 | 46701 | 49285 |

资料来源：根据 2013—2014 年《中国高新技术产业统计年鉴》整理而来。

（二）高新技术企业 R&D 活动及研发机构状况

表 4 - 2 是我国高新技术企业 2000—2013 年 R&D 活动及研发机构情况，截至 2013 年，我国高新技术企业 R&D 人员全时当量为 559229 人·年，R&D 内部经费支出为 17343666 万元，企业办研发机构数为 4583 个，研发机构经费支出为 13594544 万元；其中，我国高新技术企业 R&D 人员全时当量由 2000 年的 91573 人·年增加到 2013 年的 559229 人·年，增长 5.11 倍，R&D 经费内部支出由 2000 年的 1110410 万元增加到 2013 年的 17343666 万元，增长 14.62 倍，企业办研发机构数由 2000 年的 1379 个增加到 2013 年的 4583 个，增长 2.32 倍，研发机构经费支出由 2000 年的 961000 万元增加到 2013 年的 13594544 万元，增长 13.15 倍。可以看出，我国高新技术企业 R&D 经费内部支出增长很快。

（三）高新技术企业专利发明和技术改造状况

表 4 - 3 是我国高新技术企业 2000—2013 年专利发明和技术改造状况，截至 2013 年，我国高新技术企业专利申请数为 102532 件，有效发明专利为 115884 件，技术花费总支出为 4646044 万元，其中，技术改造经费为 3671266 万元，技术引进经费支出为 532130 万元，消化吸收经费支出为 130081 万元，购买国内技术经费支出为 312567 万元；从发展趋势来看，专利申请数由 2000 年的 2245 件增加到 2013 年的 102532 件，增长 44.6 倍，有效发明专利增长 79.31 倍；技术花费总支出增长 7.06 倍，这中间购买国内技术经费支出增长最快，为 3.34 倍，由 2000 年的 72099 万元增加到 2013 年的 312567 万元，消化吸收经费支出次之，由 2000 年的 33685 万元增加到 2013 年的 130081 万元，增长 2.86 倍，技术改造经费由 2000 年的 1047478 万元增加为 2013 年的 3671266 万元，增长 2.5 倍，技术引进经费支出由 2000 年的 470463 万元增加到 2013 年的 532130 万元，增长 0.13 倍。

（四）高新技术企业新产品开发状况

表 4 - 4 是我国高新技术企业 2000—2013 年新产品开发情况，由表 4 - 4 可以看出，截至 2013 年，我国高新技术企业新产品开发经费支出为 20694975 万元，新产品销售收入为 290288371 万元，占 2013 年高新技术企业主营业务收入的 25.01%；2000—2013 年，我国高新技术新产品开发经费支出由 2000 年的 1177940 万元增加到 2013 年的 20694975 万元，增长 16.57 倍，新产品销售收入由 2000 年的 24838202 万元增加到 2013 年的 290288371 万元，增长 10.69 倍。从我国高新技术新产品销售收入占比和增长率可以看出，我国高新技术企业每年新产品开发与生产情况良好。

（五）高新技术企业固定资产投资状况

表 4 - 5 是我国高新技术企业 2000—2013 年固定资产投资状况，从表中可以看出，截至 2013 年，我国高新技术企业施工项目共 17691 个，新开工项目 11637 个，全部建成投产项目 10528 个，项目建成投产率为 59.51%，固定资产投资额为 15557.68 亿元，新增固定资产投

**表 4-2　高新技术企业 R&D 活动及研发机构状况**

| 指标 | 2000年 | 2005年 | 2008年 | 2009年 | 2010年 | 2011年 | 2012年 | 2013年 |
|---|---|---|---|---|---|---|---|---|
| R&D人员全时当量（人·年） | 91573 | 173161 | 285079 | 320033 | 399074 | 426718 | 525614 | 559229 |
| R&D经费内部支出（万元） | 1110410 | 3624985 | 6551994 | 7740499 | 9678300 | 12378065 | 14914940 | 17343666 |
| 机构数（个） | 1379 | 1619 | 2534 | 2845 | 3184 | 3254 | 4566 | 4583 |
| 机构人员（人） | 90187 | 156789 | 309766 | 341439 | 413640 | 394590 | 536417 | 510507 |
| 机构经费支出（万元） | 961000 | 2607837 | 5795281 | 6949092 | 8784256 | 9296716 | 12679661 | 13594544 |

资料来源：根据 2013—2014 年《中国高新技术产业统计年鉴》整理而来。

**表 4-3　高新技术企业专利发明和技术改造状况**

| 指标 | 2000年 | 2005年 | 2008年 | 2009年 | 2010年 | 2011年 | 2012年 | 2013年 |
|---|---|---|---|---|---|---|---|---|
| 专利申请数（件） | 2245 | 16823 | 39656 | 51513 | 59683 | 77725 | 97200 | 102532 |
| 有效发明专利（件） | 1443 | 6658 | 23915 | 31830 | 50166 | 67428 | 97878 | 115884 |
| 技术花费总支出（万元） | 576247 | 2808729 | 3308803 | 2906900 | 3726365 | 3333120 | 4256351 | 4646044 |
| 其中：技术改造经费支出（万元） | 1047478 | 1590214 | 2186000 | 2017410 | 2687343 | 2396391 | 3191778 | 3671266 |
| 技术引进经费支出（万元） | 470463 | 848184 | 842933 | 644240 | 687810 | 621819 | 733053 | 532130 |
| 消化吸收经费支出（万元） | 33685 | 274972 | 150163 | 106224 | 138268 | 152481 | 93179 | 130081 |
| 购买国内技术经费支出（万元） | 72099 | 95359 | 129707 | 139026 | 212944 | 162429 | 238341 | 312567 |

资料来源：根据 2013—2014 年《中国高新技术产业统计年鉴》整理而来。

**表 4 - 4　　　　　　　　　　高新技术企业新产品开发状况**

| 指标 | 2000 年 | 2005 年 | 2008 年 | 2009 年 | 2010 年 | 2011 年 | 2012 年 | 2013 年 |
|---|---|---|---|---|---|---|---|---|
| 新产品开发经费支出（万元） | 1177940 | 4156916 | 7984007 | 9250743 | 10069385 | 15280302 | 18274769 | 20694975 |
| 新产品销售收入（万元） | 24838202 | 69146633 | 128794741 | 125950003 | 163647630 | 203845209 | 237653174 | 290288371 |

资料来源：根据 2013—2014 年《中国高新技术产业统计年鉴》整理而来。

**表 4 - 5　　　　　　　　　　高新技术企业固定资产投资状况**

| 指标 | 2000 年 | 2005 年 | 2008 年 | 2009 年 | 2010 年 | 2011 年 | 2012 年 | 2013 年 |
|---|---|---|---|---|---|---|---|---|
| 施工项目个数（个） | 2734 | 7095 | 8534 | 9780 | 10723 | 13204 | 15681 | 17691 |
| 其中：新开工项目个数（个） | 1640 | 4460 | 4872 | 6220 | 7117 | 8447 | 10223 | 11637 |
| 全部建成或投产项目个数（个） | 1282 | 3158 | 4290 | 5412 | 6011 | 7735 | 8968 | 10528 |
| 项目建成投产率（%） | 46.89 | 44.51 | 50.27 | 55.34 | 56.06 | 58.58 | 57.19 | 59.51 |
| 投资额（亿元） | 562.95 | 2144.00 | 4169.23 | 4882.24 | 6944.73 | 9468.46 | 12932.65 | 15557.68 |
| 新增固定资产（亿元） | 421.02 | 1463.88 | 2574.17 | 3160.45 | 4450.41 | 6355.15 | 8377.13 | 9874.27 |
| 固定资产交付使用率（%） | 74.79 | 68.28 | 61.74 | 64.73 | 64.08 | 67.12 | 64.78 | 63.47 |

资料来源：根据 2013—2014 年《中国高新技术产业统计年鉴》整理而来。

资 9874.27 亿元，固定资产交付使用率为 63.47%；2000—2013 年，我国高新技术企业施工项目由 2000 年的 2734 个增加到 2013 年的 17691 个，增长 5.47 倍，新开工项目由 2000 年的 1640 个增加到 2013 年的 11637 个，增长 6.1 倍，全部建成投产项目由 2000 年的 1282 个增加到 2013 年的 10528 个，增长 7.21 倍，项目建成投产率也在逐年增长，由 2000 年的 46.89% 增加到 2013 年的 59.51%，固定资产投资额由 2000 年的 562.95 亿元增加到 2013 年的 15557.68 亿元，增长 26.64 倍，新增固定资产投资由 2000 年的 421.02 亿元增加到 2013 年的 9874.27 亿元，增长 22.45 倍，固定资产交付使用率呈现下降趋势，由 2000 年的 74.79% 下降为 2013 年的 63.47%。与高新技术企业收入和利润增长对比，我国高新技术企业固定资产投资增长速度高于其收入和利润增长水平，也高于其 R&D 内部经费支出增长速度。

## 二　地区高新技术企业发展状况

### （一）地区高新技术企业经营状况

#### 1. 地区高新技术企业个数

根据《中国高科技产业统计年鉴》（2012）对我国各地区高新技术企业发展状况汇总整合。

从表 4-6 各地区高新技术企业个数看，截至 2013 年年末，我国高新技术企业总数为 26894 个，东部地区高新技术企业为 19496 个，占 72.49%，中部地区高新技术企业为 4896 个，占全国的 18.2%，西部地区高新技术企业为 2502 个，占 9.3%；从 2000—2013 年来看，全国高新技术企业由 2000 年的 9835 个增加到 2013 年的 26894 个，增长 1.7345 倍，东部地区高新技术企业由 2000 年的 6924 个增加到 2013 年的 19496 个，增长 1.8157 倍，中部地区高新技术企业由 2000 年的 1668 个增加到 2013 年的 4896 个，增长 1.9353 倍，西部地区高新技术企业由 2000 年的 1234 个增加为 2013 年的 2502 个，增长 1.0276 倍。可以看出，东部地区高新技术企业个数远远超过中部地区和西部地区，而且占全国高新技术企业总数的 70% 以上，但从增长

速度来看,中部地区第一,东部地区次之,西部地区最后,并且中部
地区和东部地区的增长率都超过了全国增长水平,而西部地区增长速
度低于全国增长水平。

表4-6　　　　　　　　各地区高新技术企业个数　　　　　单位:个

| 地区 | 2000 年 | 2005 年 | 2008 年 | 2009 年 | 2010 年 | 2011 年 | 2012 年 | 2013 年 |
|---|---|---|---|---|---|---|---|---|
| 东部地区 | 6924 | 13507 | 20009 | 20918 | 21444 | 16008 | 17965 | 19496 |
| 中部地区 | 1668 | 2250 | 3536 | 3949 | 4301 | 3647 | 4360 | 4896 |
| 西部地区 | 1234 | 1770 | 2272 | 2351 | 2444 | 2027 | 2311 | 2502 |
| 全国 | 9835 | 17527 | 25817 | 27218 | 28189 | 21682 | 24636 | 26894 |

资料来源:根据 2013—2014 年《中国高新技术产业统计年鉴》整理而来。

2. 地区高新技术企业当年价总产值

从表4-7各地区高新技术企业当年价总产值来看,截至 2011 年
年末,我国高新技术企业总产值为 88433.85 亿元,东部地区高新技
术企业总产值为 71603.04 亿元,占 80.97%,中部地区高新技术企业
总产值为 9664.487 亿元,占全国的比重为 10.93%,西部地区高新技
术企业总产值为 7166.325 亿元,占 8.1%;从 2000—2011 年来看,
全国高新技术企业总产值由 2000 年的 10426 亿元增加到 2011 年的
88433.85 亿元,增长 7.48 倍,东部地区高新技术企业总产值由 2000
年的 8527 亿元增加到 2011 年的 71603.04 亿元,增长 7.4 倍,中部
地区高新技术企业总产值由 2000 年的 985.9 亿元增加到 2011 年的
9664.487 亿元,增长 8.8 倍,西部地区高新技术企业总产值由 2000
年的 913.3 亿元增加为 2011 年的 7166.325 亿元,增长 6.85 倍。可
以看出,东部地区高新技术企业总产值远远超过中部地区和西部地
区,而且占全国高新技术企业总数的 80% 以上,金额相差较大。但从
增长速度来看,中部地区第一,东部地区次之,西部地区最后,但只
有中部地区的增长率超过了全国增长水平,而东部和西部地区增长速
度低于全国增长水平。

表 4 – 7 各地区高新技术企业当年价总产值 单位：亿元

| 地区 | 2000 年 | 2005 年 | 2008 年 | 2009 年 | 2010 年 | 2011 年 |
|---|---|---|---|---|---|---|
| 东部地区 | 8527 | 30651.2 | 49846.8 | 51590.5 | 63314.2 | 71603.04 |
| 中部地区 | 985.9 | 1967.1 | 4004.5 | 4903.1 | 6516.1 | 9664.487 |
| 西部地区 | 913.3 | 1742.6 | 3236.1 | 3936.9 | 4877.9 | 7166.325 |
| 全国 | 10426 | 34360.9 | 57087.4 | 60430.5 | 74709 | 88433.85 |

资料来源：数据来源于《中国高新技术产业统计年鉴》（2012），2012 年以后的《中国高技术产业统计年鉴》没有再统计总产值。

3. 地区高新技术企业从业人员

从表 4 – 8 各地区高新技术企业从业人员人数来看，截至 2013 年年末，我国高新技术企业从业人员为 12936870 人，东部地区高新技术企业从业人员为 9607140 人，占比为 74.26%，中部地区高新技术企业从业人员为 2091343 人，占全国的比重为 16.17%，西部地区高新技术企业从业人员为 1238387 人，占比为 9.57%；从 2000—2013 年来看，全国高新技术企业从业人员由 2000 年的 3922875 人增加到 2013 年的 12936870 人，增长 2.3 倍，东部地区高新技术企业从业人员由 2000 年的 2565130 人增加到 2013 年的 9607140 人，增长 2.75 倍，中部地区高新技术企业从业人员由 2000 年的 698765 人增加到 2013 年的 2091343 人，增长 1.99 倍，西部地区高新技术企业从业人员由 2000 年的 658980 人增加为 2013 年的 1238387 人，增长 0.88 倍。可以看出，东部地区高新技术企业的从业人员多于中部地区和西部地区，而且占到全国高新技术企业总数的 70% 以上。但从增长速度来看，东部地区第一，中部地区次之，西部地区最后，但只有东部地区从业人员增长率超过了全国增长水平，而东部和西部地区增长速度低于全国增长水平。

表 4 – 8 各地区高新技术企业从业人员人数 单位：人

| 地区 | 2000 年 | 2005 年 | 2010 年 | 2011 年 | 2012 年 | 2013 年 |
|---|---|---|---|---|---|---|
| 东部地区 | 2565130 | 5333709 | 8862826 | 9003856 | 9590415 | 9607140 |
| 中部地区 | 698765 | 711348 | 1304514 | 1579795 | 1911843 | 2091343 |
| 西部地区 | 658980 | 588365 | 754912 | 885502 | 1184464 | 1238387 |
| 全国 | 3922875 | 6633422 | 10922252 | 11469153 | 12686722 | 12936870 |

资料来源：数据来源于《中国高新技术产业统计年鉴》（2014）。

4. 地区高新技术企业主营业务收入

通过表 4-9 各地区高新技术企业主营业务收入指标显示，各地区在近 10 年中高新技术企业主营业务收入均有较大的提高，但是各地区之间的差距也逐渐增大。2013 年，东部地区主营业务收入 88334.62 亿元，占全国的比重为 76.12%，中部地区高新技术企业主营业务收入为 16165.44 亿元，占比为 13.93%，但是西部地区的主营业务收入只有 11548.84 亿元，占全国比例仅为 9.95%，不管中部地区还是西部地区，都远远小于东部地区高新技术产业主营业务收入。从 2000—2013 年来看，全国高新技术企业主营业务收入由 2000 年的 10050 亿元增加到 2013 年的 116048.9 亿元，增长 10.55 倍，东部地区高新技术企业主营业务收入由 2000 年的 8394 亿元增加到 2013 年的 88334.62 亿元，增长 9.52 倍，中部地区高新技术企业主营业务收入由 2000 年的 868.8 亿元增加到 2013 年的 16165.44 亿元，增长 17.61 倍，西部地区高新技术企业主营业务收入由 2000 年的 787.1 亿元增加为 2013 年的 11548.84 亿元，增长 13.67 倍。

表 4-9　　　　　　各地区高新技术产业主营业务收入　　　　　单位：亿元

| 地区 | 2000 年 | 2005 年 | 2008 年 | 2009 年 | 2010 年 | 2011 年 | 2012 年 | 2013 年 |
|------|---------|---------|---------|---------|---------|---------|---------|---------|
| 东部地区 | 8394 | 30514.8 | 49039.4 | 51296.1 | 63485.6 | 67664.3 | 80564.4 | 88334.62 |
| 中部地区 | 868.8 | 1812.3 | 3735.5 | 6325 | 6325 | 9239.2 | 12766.9 | 16165.44 |
| 西部地区 | 787.1 | 1589.3 | 2954.2 | 3553.6 | 4672 | 6826.6 | 8952.7 | 11548.84 |
| 全国 | 10050 | 33916.4 | 55729.1 | 59566.9 | 74482.6 | 87527.2 | 102284 | 116048.9 |

资料来源：根据 2013—2014 年《中国高新技术产业统计年鉴》整理而来。

5. 地区高新技术企业经营利润

从表 4-10 各地区高新技术企业利润总额看，截至 2013 年年末，我国高新技术企业利润总额为 7233.748 亿元，东部地区高新技术企业利润总额为 5330.462 亿元，占 73.69%，中部地区高新技术企业利润总额为 1113.627 亿元，占全国的比重为 15.39%，西部地区高新技术企业利润总额为 789.6592 亿元，占 10.92%；从 2000—2013 年来看，全国高新技术企业利润总额由 2000 年的 673 亿元增加到 2013 年的 7233.748 亿元，增长 9.75 倍，东部地区高新技术企业利润总额由 2000 年的 569 亿元增加到 2013 年的 5330.462 亿元，增长 8.37 倍，中部地区高新技术企业利润总额由 2000 年的 61.4 亿元增加到 2013 年的 1113.627 亿元，增长 17.14 倍，西部地区高新技术企业利润总额由 2000 年的 42.6 亿元增加为 2013 年的 789.6592 亿元，增长 17.54 倍。可以看出，东部地区高新技术企业利润总额多于中部地区和西部地区，而且占全国高新技术企业总数的 70% 以上。但从增长速度来看，西部地区第一，中部地区次之，东部地区最后，西部地区和中部地区利润总额增长率超过了全国增长水平，而东部地区增长速度低于全国增长水平。

表 4－10　　　　　　各地区高新技术企业利润总额　　　　单位：亿元

| 地区 | 2000 年 | 2005 年 | 2008 年 | 2009 年 | 2010 年 | 2011 年 | 2012 年 | 2013 年 |
|------|---------|---------|---------|---------|---------|---------|---------|---------|
| 东部地区 | 569 | 1253.4 | 2186.2 | 2616.4 | 3839.1 | 3934.1 | 4528.3 | 5330.462 |
| 中部地区 | 61.4 | 96 | 311.2 | 393.8 | 621.9 | 785.4 | 1007.3 | 1113.627 |
| 西部地区 | 42.6 | 73.8 | 227.7 | 268.3 | 418.5 | 525.9 | 650.7 | 789.6592 |
| 全国 | 673 | 1423.2 | 2725.1 | 3278.5 | 4879.5 | 5244.9 | 6186.3 | 7233.748 |

资料来源：根据 2013—2014 年《中国高新技术产业统计年鉴》整理而来。

（二）地区高新技术企业 R&D 及其相关状况

1. 地区高新技术企业 R&D 状况

从表 4－11 各地区高新技术企业 R&D 状况来看，截至 2013 年年末，我国高新技术企业 R&D 人员为 559229.1 人·年，东部地区高新技术企业 R&D 人员为 439692.3 人·年，占 78.62%，中部地区高新技术企业 R&D 人员为 67862.2 人·年，占全国的比重为 12.14%，西部地区高新技术企业 R&D 人员为 51674.7 人·年，占 9.24%；从 2000—2013 年来看，全国高新技术企业 R&D 人员由 2000 年的 91573

人·年增加到 2013 年的 559229.1 人·年，增长 5.11 倍，东部地区高新技术企业 R&D 人员由 2000 年的 49122 人·年增加到 2013 年的439692.3 人·年，增长 7.95 倍，中部地区高新技术企业 R&D 人员由2000 年的 17313 人·年增加到 2013 年的 67862.2 人·年，增长 2.92倍，西部地区高新技术企业 R&D 人员由 2000 年的 25138 人·年增加为 2013 年的 51674.7 人·年，增长 1.06 倍。可以看出，东部地区高新技术企业的 R&D 人员要多于中部地区和西部地区，而且占到全国高新技术企业总数的 70% 以上。从增长速度看，东部地区第一，中部地区次之，西部地区最后，东部地区利润总额增长率超过了全国增长水平，而中部和西部地区增长速度低于全国增长水平。

表 4-11　　　　　　各地区高新技术企业 R&D 状况

| 地区 | 年份 | 东部地区 | 中部地区 | 西部地区 | 全国 |
|---|---|---|---|---|---|
| R&D 人员折合全时当量（人·年） | 2000 | 49122 | 17313 | 25138 | 91573 |
| | 2005 | 118634 | 29284 | 25244 | 173161 |
| | 2010 | 321522 | 42692 | 34860 | 399074 |
| | 2011 | 350838.7 | 49951.56 | 25928.12 | 426718.4 |
| | 2012 | 427170 | 59583 | 38858 | 525614 |
| | 2013 | 439692.3 | 67862.2 | 51674.7 | 559229.1 |
| R&D 经费内部支出（万元） | 2000 | 835714 | 113068 | 161628 | 1110410 |
| | 2005 | 3087564 | 248608 | 288813 | 3624985 |
| | 2010 | 8130009 | 815755 | 732536 | 9678300 |
| | 2011 | 10387702 | 1207574 | 782788.5 | 12378065 |
| | 2012 | 12404232 | 1408339 | 1102368 | 14914940 |
| | 2013 | 14053998 | 1830661 | 1459007 | 17343666 |

资料来源：《中国高新技术产业统计年鉴》(2014)。

　　截至 2013 年年末，我国高新技术企业 R&D 经费内部支出为17343666 万元，东部地区高新技术企业 R&D 经费内部支出为

14053998 万元，占比为 81.03%，中部地区高新技术企业 R&D 经费内部支出为 1830661 万元，占全国的比重为 10.56%，西部地区高新技术企业 R&D 经费内部支出为 1459007 万元，占比为 8.41%；从 2000—2013 年来看，全国高新技术企业 R&D 经费内部支出由 2000 年的 1110410 万元增加到 2013 年的 17343666 万元，增长 14.62 倍，东部地区高新技术企业 R&D 经费内部支出由 2000 年的 835714 万元增加到 2013 年的 14053998 万元，增长 15.82 倍，中部地区高新技术企业 R&D 经费内部支出由 2000 年的 113068 万元增加到 2013 年的 1830661 万元，增长 15.19 倍，西部地区高新技术企业 R&D 经费内部支出由 2000 年的 161628 万元增加为 2013 年的 1459007 万元，增长 8.03 倍。可以看出，东部地区高新技术企业的 R&D 经费内部支出多于中部地区和西部地区，而且占全国高新技术企业总数的 80% 以上。从增长速度来看，东部地区第一，中部地区次之，西部地区最后，东部和中部地区 R&D 经费内部支出增长率超过了全国增长水平，而西部地区增长速度低于全国增长水平。

2. 地区高新技术企业新产品开发状况

表 4 - 12 是各地区高新技术企业新产品开发状况，从表中可以看出，截至 2013 年年末，我国高新技术企业新产品开发经费支出为 20694975 万元，东部地区高新技术企业新产品开发经费支出为 16905162 万元，占 82.99%，中部地区高新技术企业新产品开发经费支出为 2012402 万元，占全国的比重为 9.72%，西部地区高新技术企业新产品开发经费支出为 1777411 万元，占 8.59%；从 2000—2013 年来看，全国高新技术企业新产品开发经费支出由 2000 年的 1177940 万元增加到 2013 年的 20694975 万元，增长 16.56 倍，东部地区高新技术企业新产品开发经费支出由 2000 年的 896242 万元增加到 2013 年的 16905162 万元，增长 17.86 倍，中部地区高新技术企业新产品开发经费支出由 2000 年的 111214 万元增加到 2013 年的 2012402 万元，增长 17.09 倍，西部地区高新技术企业新产品开发经费支出由 2000 年的 170484 万元增加为 2013 年的 1777411 万元，增长 9.42 倍。

可以看出，东部地区高新技术企业的新产品开发经费支出多于中部地区和西部地区，而且占全国高新技术企业总数的80%以上。从增长速度来看，东部地区第一，中部地区次之，西部地区最后，东部和中部地区新产品开发经费支出增长率超过了全国增长水平，而西部地区增长速度低于全国增长水平。

另外，表4－12还显示，截至2013年年末，我国高新技术企业新产品销售收入为29029亿元，东部地区高新技术企业新产品销售收入为23976亿元，占82.59%，中部地区高新技术企业新产品销售收入为3809亿元，占全国的13.12%，西部地区高新技术企业新产品销售收入为1244亿元，占4.28%；从2000—2013年来看，全国高新技术企业新产品销售收入由2000年的2483.82亿元增加到2013年的29029亿元，增长10.69倍，东部地区高新技术企业新产品销售收入由2000年的2162.6亿元增加到2013年的23976亿元，增长10.09倍，中部地区高新技术企业新产品销售收入由2000年的122.07亿元增加到2013年的3809亿元，增长30.21倍，西部地区高新技术企业

表4－12　　　　　　　　地区高新技术企业新产品开发状况

| 地区 | 年份 | 东部地区 | 中部地区 | 西部地区 | 全国 |
|---|---|---|---|---|---|
| 新产品开发经费支出（万元） | 2000 | 896242 | 111214 | 170484 | 1177940 |
| | 2005 | 3561070 | 289953 | 305893 | 4156916 |
| | 2010 | 8165710 | 967593 | 936082 | 10069385 |
| | 2011 | 12930372 | 1394326 | 955603.5 | 15280302 |
| | 2012 | 15165902 | 1654934 | 1453930 | 18274769 |
| | 2013 | 16905162 | 2012402 | 1777411 | 20694975 |
| 新产品销售收入（万元） | 2000 | 21626116 | 1220690 | 1991396 | 24838202 |
| | 2005 | 62304312 | 2642711 | 4199611 | 69146633 |
| | 2010 | 1.49E+08 | 8783155 | 5663147 | 1.64E+08 |
| | 2011 | 1.85E+08 | 10664168 | 7949597 | 2.04E+08 |
| | 2012 | 2.12E+08 | 14735305 | 10554887 | 2.38E+08 |
| | 2013 | 2.4E+08 | 38092484 | 12435948 | 2.9E+08 |

资料来源：《中国高新技术产业统计年鉴》（2014）。

新产品销售收入由 2000 年的 199.14 亿元增加为 2013 年的 1244 亿元，增长 5.24 倍。可以看出，东部地区高新技术企业的新产品销售收入要多于中部地区和西部地区，而且占全国高新技术企业总数的 80% 以上。从增长速度来看，中部地区第一，东部地区次之，西部地区最后，而且中部地区的增长速度远远超过了东部和西部地区，中部地区新产品销售收入增长率超过了全国增长水平，而东部和西部地区增长速度低于全国增长水平。

3. 地区高新技术企业专利状况

通过表 4-13 地区高新技术企业专利状况指标显示，各地区在近 13 年中高新技术企业专利申请均有较大的提高，但是各地区之间的差距也逐渐增大。2013 年，东部地区专利申请 84893 件，占全国的 82.8%，中部地区高新技术企业专利申请为 10225 件，占 9.97%，但是西部地区的专利申请只有 7414 件，占全国比例仅为 7.23%，不管从中部地区还是西部地区，都远远小于东部地区高新技术企业专利申请。从 2000—2013 年来看，全国高新技术企业专利申请由 2000 年的 2245 件增加到 2013 年的 102532 件，增长 44.67 倍，东部地区高新技术企业专利申请由 2000 年的 1580 件增加到 2013 年的 84893 件，增长 52.73 倍，中部地区高新技术企业专利申请由 2000 年的 255 件增加到 2013 年的 10225 件，增长 39.1 倍，西部地区高新技术企业专利申请由 2000 年的 410 件增加为 2013 年的 7414 件，增长 17.08 倍。

另外，高新技术企业有效发明专利数也呈现在表 4-13 中。表中显示，各地区在近 13 年中高新技术企业有效发明专利数均有较大的提高，但是各地区之间的差距也逐渐增大，2013 年东部地区有效发明专利数 102147 件，占全国的 82.8%，中部地区高新技术企业有效发明专利数为 7183 件，占 9.97%，但是西部地区的有效发明专利数只有 6554 件，占全国比例仅为 7.23%，不管中部地区还是西部地区，都远远小于东部地区高新技术企业有效发明专利数。从 2000—2013 年来看，全国高新技术企业有效发明专利数由 2000 年的 1443 件增加到 2013 年的 115884 件，增长 79.31 倍，东部地区高新技术企业有效发明专利数由 2000 年的 1003 件增加到 2013 年的 102147 件，增长 52.73 倍，中部地区高新技术企业有效发明专利数由 2000 年的 208 件增加到 2013 年的 7183 件，增长 39.1 倍，西部地区高新技术企业有效发明专利数由 2000 年的 232 件增加为 2013 年的 6554 件，增长 17.08 倍。

**表 4 - 13** 　　　　　　　　 地区高新技术企业专利状况

| 地区 | 年份 | 东部地区 | 中部地区 | 西部地区 | 全国 |
|---|---|---|---|---|---|
| 专利申请数<br>（件） | 2000 | 1580 | 255 | 410 | 2245 |
| | 2005 | 14595 | 1143 | 1085 | 16823 |
| | 2010 | 51869 | 4432 | 3382 | 59683 |
| | 2011 | 68539 | 6255 | 2931 | 77725 |
| | 2012 | 81688 | 8151 | 7361 | 97200 |
| | 2013 | 84893 | 10225 | 7414 | 102532 |
| 有效发明<br>专利数（件） | 2000 | 1003 | 208 | 232 | 1443 |
| | 2005 | 5740 | 456 | 462 | 6658 |
| | 2010 | 45350 | 2944 | 1872 | 50166 |
| | 2011 | 61509 | 3888 | 2031 | 67428 |
| | 2012 | 88011 | 5507 | 4360 | 97878 |
| | 2013 | 102147 | 7183 | 6554 | 115884 |

资料来源：《中国高新技术产业统计年鉴》(2014)。

4. 地区高新技术企业研发机构状况

表 4 - 14 是地区高新技术企业研发机构状况，从表中可以看出，截至 2013 年年末，我国高新技术企业研发机构人员为 510507 人，东部地区高新技术企业研发机构人员为 411032 人，占比为 80.51%，中部地区高新技术企业研发机构人员为 61714 人，占全国的 12.09%，西部地区高新技术企业研发机构人员为 37761 人，占 7.4%；从 2000—2013 年来看，全国高新技术企业研发机构人员由 2000 年的 90187 人增加到 2013 年的 510507 人，增长 4.66 倍，东部地区高新技术企业研发机构人员由 2000 年的 58180 人增加到 2013 年的 411032 人，增长 6.06 倍，中部地区高新技术企业研发机构人员由 2000 年的

15862 人增加到 2013 年的 61714 人，增长 2.89 倍，西部地区高新技术企业研发机构人员由 2000 年的 16145 人增加为 2013 年的 37761 人，增长 1.34 倍。可以看出，东部地区高新技术企业研发机构人员多于中部地区和西部地区，而且占到全国高新技术企业总数的 80% 以上。从增长速度来看，东部地区第一，中部地区次之，西部地区最后，东部地区研发机构人员增长率超过了全国增长水平，而中部和西部地区增长速度低于全国增长水平。

**表 4 - 14　　　　　　　地区高新技术企业研发机构状况**

| 地区 | 年份 | 东部地区 | 中部地区 | 西部地区 | 全国 |
|---|---|---|---|---|---|
| 研发机构<br>人员（人） | 2000 | 58180 | 15862 | 16145 | 90187 |
| | 2005 | 116259 | 18716 | 21814 | 156789 |
| | 2010 | 334972 | 43148 | 35520 | 413640 |
| | 2011 | 328264 | 41457 | 24869 | 394590 |
| | 2012 | 441081 | 51351 | 43985 | 536417 |
| | 2013 | 411032 | 61714 | 37761 | 510507 |
| 机构经费<br>支出自<br>（万元） | 2000 | 776496 | 90001 | 94504 | 961000 |
| | 2005 | 2168916 | 195932 | 242990 | 2607837 |
| | 2010 | 7739090 | 537018 | 508148 | 8784256 |
| | 2011 | 8314542 | 566899.6 | 415274 | 9296716 |
| | 2012 | 11202041 | 743265 | 734352 | 12679661 |
| | 2013 | 11796287 | 1136126 | 662130.4 | 13594544 |

资料来源：《中国高新技术产业统计年鉴》（2014）。

另外，高新技术企业研发机构经费支出也呈现在表 4 - 14 中，表中显示，各地区在近 13 年中高新技术企业研发机构经费支出均有较大的提高，但是各地区之间的差距也逐渐增大，2013 年东部地区研发机构经费支出 1179.63 亿元，占全国的比重为 86.77%，中部地区高新技术企业研发机构经费支出为 113.61 亿元，占比为 8.36%，但是西部地区的研发机构经费支出只有 66.21 亿元，占全国比例仅为 4.87%，不管中部地区还是西部地区，都远远小于东部地区高新技术企业研发机构经费支出。从 2000—2013 年来看，全国高新技术企业研发机构经费支出由 2000 年的 96.1 亿元增加到 2013 年的 1359.45 亿元，增长 13.15 倍，东部地区高新技术企业研发机构经费支出由 2000 年的 77.65 亿元增加到 2013 年的 1179.63 亿元，增长 14.19 倍，中部地区高新技术企业研发机构经费支出由 2000 年的 9 亿元增加到 2013 年的 113.61 亿元，增长 11.62 倍，西部地区高新技术企业研发机构经费支出由 2000 年的 9.45 亿元增加为 2013 年的 66.21 亿元，增长 6 倍。

5. 地区高新技术企业技术经费状况

表 4-15 是地区高新技术企业技术经费状况，从表中可以看出，截至 2013 年年末，我国高新技术企业技术改造经费支出为 3671266 万元，占经费总支出的 79.02%，引进技术经费支出为 532129.9 万元，占 11.45%，消化吸收经费支出为 130081.4 万元，占 2.8%，购买国内技术经费支出为 312566.6 万元，占 6.73%，可以看出，在高新技术企业所有技术经费支出中，技术改造经费占 80% 左右；东部地区高新技术企业所有技术经费支出为 3611216 万元，中部地区所有技术经费支出为 605919 万元，西部地区所有技术经费支出为 428909.3 万元，占比分别为 77.73%、13.04% 和 9.23%；其中，东部地区高新技术企业技术改造经费支出为 2746217 万元，引进技术经费支出为 492194.3 万元，消化吸收经费支出为 109410.7 万元，购买国内技术经费支出为 263393.6 万元，占比分别为 74.8%、92.5%、84.11% 和 84.27%，中部地区高新技术企业技术改造经费支出为 542614.9 万元，引进技术经费支出为 24960.7 万元，消化吸收经费支出为 16940.8 万元，购买国内技术经费支出为 21402.6 万元，占全国的比重分别为 14.78%、4.69%、13.02% 和 6.85%，西部地区高新技术企业技术改造经费支出为 382434.1 万元，引进技术经费支出为 14974.9 万元，消化吸收经费支出为 3729.9 万元，购买国内技术经费支出为 27770.4 万元，分别占比为 10.42%、2.81%、2.87% 和 8.88%。

表 4 - 15　　　　　　　地区高新技术企业技术经费状况

| 地区 | 年份 | 东部地区 | 中部地区 | 西部地区 | 全国 |
|---|---|---|---|---|---|
| 技术改造经费支出（万元） | 2000 | 645573 | 170438 | 231467 | 1047478 |
| | 2005 | 971098 | 323797 | 295319 | 1590214 |
| | 2010 | 1832393 | 284674 | 570275 | 2687343 |
| | 2011 | 1812687 | 377440.2 | 206263.8 | 2396391 |
| | 2012 | 2273066 | 520650 | 398059 | 3191778 |
| | 2013 | 2746217 | 542614.9 | 382434.1 | 3671266 |
| 引进技术经费支出（万元） | 2000 | 333328 | 35098 | 102037 | 470463 |
| | 2005 | 803456 | 19925 | 24803 | 848184 |
| | 2010 | 613719 | 42992 | 31098 | 687810 |
| | 2011 | 571306.2 | 33780.8 | 16731.8 | 621818.8 |
| | 2012 | 576583 | 10523 | 145946 | 733053 |
| | 2013 | 492194.3 | 24960.7 | 14974.9 | 532129.9 |
| 消化吸收经费支出（万元） | 2000 | 22801 | 8539 | 2345 | 33685 |
| | 2005 | 266024 | 6477 | 2471 | 274972 |
| | 2010 | 90497 | 42357 | 5413 | 138268 |
| | 2011 | 136087.6 | 10307.8 | 6085.5 | 152480.9 |
| | 2012 | 74928 | 10563 | 7686 | 93179 |
| | 2013 | 109410.7 | 16940.8 | 3729.9 | 130081.4 |
| 购买国内技术经费支出（万元） | 2000 | 28005 | 40951 | 3143 | 72099 |
| | 2005 | 70994 | 12119 | 12246 | 95359 |
| | 2010 | 177778 | 20106 | 15059 | 212944 |
| | 2011 | 129766.4 | 15743.3 | 16919.7 | 162429.4 |
| | 2012 | 203500 | 16409 | 18431 | 238341 |
| | 2013 | 263393.6 | 21402.6 | 27770.4 | 312566.6 |

资料来源：《中国高新技术产业统计年鉴》（2014）。

从 2000—2013 年来看，全国高新技术企业技术改造经费支出由 2000 年的 1047478 万元增加到 2013 年的 3671266 万元，增长 2.5 倍，东部地区高新技术企业技术改造经费支出由 2000 年的 645573 万元增加到 2013 年的 2746217 万元，增长 3.25 倍，中部地区高新技术企业技术改造经费支出由 2000 年的 170438 万元增加到 2013 年的

542614.9 万元,增长 2.18 倍,西部地区高新技术企业技术改造经费支出由 2000 年的 231467 万元增加为 2013 年的 382434.1 万元,增长0.65 倍。可以看出,东部地区高新技术企业的技术改造经费支出要多于中部地区和西部地区,而且占到全国高新技术企业总数的 80% 以上。从增长速度来看,东部地区第一,中部地区次之,西部地区最后,东部地区技术改造经费支出增长率超过了全国增长水平,而中部和西部地区增长速度低于全国增长水平。

从引进技术经费支出看,除全国和东部地区略有增长之外,中部和西部地区处于递减趋势。全国高新技术企业引进技术经费支出由2000 年的 470463 万元增加到 2013 年的 532129.9 万元,东部地区高新技术企业引进技术经费支出由 2000 年的 333328 万元增加到 2013年的 492194.3 万元,中部地区高新技术企业引进技术经费支出由2000 年的 35098 万元减少到 2013 年的 24960.7 万元,西部地区高新技术企业引进技术经费支出由 2000 年的 102037 万元减少为 2013 年的 14974.9 万元。

从消化吸收经费支出看,全国高新技术企业消化吸收经费支出由2000 年的 33685 万元增加到 2013 年的 130081.4 万元,增长 2.86 倍,东部地区高新技术企业消化吸收经费支出由 2000 年的 22801 万元增加到 2013 年的 109410.7 万元,增长 3.8 倍,中部地区高新技术企业消化吸收经费支出由 2000 年的 8539 万元增加到 2013 年的 16940.8万元,增长 0.98 倍,西部地区高新技术企业消化吸收经费支出由2000 年的 2345 万元增加为 2013 年的 3729.9 万元,增长 0.59 倍。从增长速度来看,东部地区第一,中部地区次之,西部地区最后,东部地区消化吸收经费支出增长率超过了全国增长水平,而中部和西部地区增长速度远低于全国增长水平。

从购买国内技术经费支出看,全国高新技术企业购买国内技术经费支出由 2000 年的 72099 万元增加到 2013 年的 312566.6 万元,增长 3.34 倍,东部地区高新技术企业购买国内技术经费支出由 2000 年的 28005 万元增加到 2013 年的 263393.6 万元,增长 8.41 倍,中部地区高新技术企业购买国内技术经费支出处于减少状态,由 2000 年的 40951 万元减少到 2013 年的 21402.6 万元，西部地区高新技术企业购买国内技术经费支出由 2000 年的 3143 万元增加为 2013 年的 27770.4 万元，增长 7.83 倍。从增长速度看，东部和西部地区购买国内技术经费支出增长率大大超过了全国增长水平，而中部地区处于递减状态。

（三）地区高新技术企业固定资产投资状况

1. 地区高新技术企业施工状况

表 4－16 是地区高新技术企业施工状况，从全国水平来看，2013 年，我国高新技术企业施工项目 17691 个，新开工项目为 11637 个，建成投产项目 10528 个，新开工项目占施工项目的 65.78%，建成投产项目占施工项目的 59.51%。

表 4－16　　　　　　　地区高新技术企业施工状况

| 地区 | 年份 | 东部地区 | 中部地区 | 西部地区 | 全国 |
|---|---|---|---|---|---|
| 施工项目（个） | 2000 | 1549 | 643 | 542 | 2734 |
| | 2005 | 4165 | 1849 | 1081 | 7095 |
| | 2010 | 5216 | 4368 | 1139 | 10723 |
| | 2011 | 7868 | 4061 | 1275 | 13204 |
| | 2012 | 8454 | 4999 | 2228 | 15681 |
| | 2013 | 9541 | 5401 | 2749 | 17691 |
| 新开工项目（个） | 2000 | 943 | 384 | 313 | 1640 |
| | 2005 | 2668 | 1162 | 630 | 4460 |
| | 2010 | 3173 | 3272 | 672 | 7117 |
| | 2011 | 4869 | 2821 | 757 | 8447 |
| | 2012 | 5358 | 3427 | 1438 | 10223 |
| | 2013 | 6268 | 3628 | 1741 | 11637 |
| 建成投产项目（个） | 2000 | 705 | 335 | 242 | 1282 |
| | 2005 | 1912 | 840 | 406 | 3158 |
| | 2010 | 2677 | 2797 | 537 | 6011 |
| | 2011 | 4670 | 2404 | 661 | 7735 |
| | 2012 | 4749 | 3019 | 1200 | 8968 |
| | 2013 | 5738 | 3240 | 1550 | 10528 |

资料来源：《中国高新技术产业统计年鉴》（2014）。

从施工项目看，2013 年，东部地区高新技术企业施工项目占比为 53.93%，中部地区占比为 30.53%，西部地区占比为 15.54%，2000—2013 年，东部地区施工项目增长 5.16 倍，中部地区施工项目增长 7.4 倍，西部地区施工项目增长 4.07 倍，全国施工项目增长 5.47 倍。可以看出，虽然东部地区高新技术企业施工项目占据全国高新技术企业的一半以上，但是，中部地区施工项目增长要比全国、东部地区以及西部地区增长水平要高。

从新开工项目来看，2013 年东部地区高新技术企业新开工项目占比为 53.93%，中部地区占比为 30.53%，西部地区占比为 15.54%，在 2000—2013 年，东部地区新开工项目增长 5.65 倍，中部地区新开工项目增长 8.45 倍，西部地区新开工项目增长 4.56 倍，全国新开工项目增长 6.1 倍。可以看出，虽然东部地区高新技术企业新开工项目占全国高新技术企业的一半以上，但是，中部地区新开工项目增长要比全国、东部地区以及西部地区增长水平要高。

从建成投产项目来看，2013 年，东部地区高新技术企业建成投产项目占比为 54.5%，中部地区占比为 30.78%，西部地区占比为 14.72%，在 2000—2013 年，东部地区建成投产项目增长 7.14 倍，中部地区建成投产项目增长 8.67 倍，西部地区建成投产项目增长 5.4 倍，全国建成投产项目增长 7.21 倍。可以看出，虽然东部地区高新技术企业建成投产项目占据全国高新技术企业的一半以上，但是，中部地区建成投产项目增长要比全国、东部地区以及西部地区增长水平要高。

2. 地区高新技术企业投资状况

表 4-17 是地区高新技术企业投资状况，从表中可以看出，截至 2013 年年末，我国高新技术企业固定资产投资额为 15557.68 亿元，东部地区高新技术企业固定资产投资额为 7731.31 亿元，占 49.69%，中部地区高新技术企业固定资产投资额为 5322.759 亿元，占全国的比重为 34.21%，西部地区高新技术企业固定资产投资额为 2503.612 亿元，占 16.09%；从 2000—2013 年来看，全国高新技术企业固定资

产投资额由 2000 年的 562.95 亿元增加到 2013 年的 15557.68 亿元，增长 26.64 倍，东部地区高新技术企业固定资产投资额由 2000 年的 398.1 亿元增加到 2013 年的 7731.31 亿元，增长 18.42 倍，中部地区高新技术企业固定资产投资额由 2000 年的 90.04 亿元增加到 2013 年的 5322.759 亿元，增长 58.12 倍，西部地区高新技术企业固定资产投资额由 2000 年的 74.8 亿元增加为 2013 年的 2503.612 亿元，增长 32.47 倍。可以看出，东部地区高新技术企业的固定资产投资额虽然多于中部和西部地区，但其所占份额并没有达到一半，而且其增长速度低于中部和西部地区，说明我国中西部地区开始加强高新技术企业投资。

表 4-17　　　　　　地区高新技术企业投资状况

| 地区 | 年份 | 东部地区 | 中部地区 | 西部地区 | 全国 |
|---|---|---|---|---|---|
| 投资额（亿元） | 2000 | 398.1 | 90.04 | 74.8 | 562.95 |
| | 2005 | 1513.19 | 411.88 | 219 | 2144.09 |
| | 2010 | 3995.7 | 2168.91 | 780.11 | 6944.73 |
| | 2011 | 5714.76 | 2752.51 | 1001.19 | 9468.46 |
| | 2012 | 6780.786 | 4207.515 | 1944.352 | 12932.65 |
| | 2013 | 7731.31 | 5322.759 | 2503.612 | 15557.68 |
| 新增固定资产（亿元） | 2000 | 299.64 | 67.49 | 53.88 | 421.02 |
| | 2005 | 1085.56 | 273.5 | 104.83 | 1463.88 |
| | 2010 | 2406.5 | 1296.78 | 747.12 | 4450.41 |
| | 2011 | 3938.04 | 1746.72 | 670.4 | 6355.15 |
| | 2012 | 4652.209 | 2602.085 | 1122.839 | 8377.133 |
| | 2013 | 5531.987 | 3045.714 | 1296.571 | 9874.273 |

资料来源：《中国高新技术产业统计年鉴》(2014)。

另外，高新技术企业新增固定资产投资也呈现在表 4-17 中，表中显示，各地区在 2000—2013 年高新技术企业新增固定资产投资均有较大的提高。2013 年，东部地区新增固定资产投资为 5531.987 亿元，占全国的比重为 56.02%，中部地区高新技术企业新增固定资产投资为 3045.714 亿元，占 30.84%，但是西部地区的新增固定资产投资只有 1296.571 亿元，占全国比例仅为 13.13%，不管中部地区还是西部地区，都远远小于东部地区高新技术企业新增固定资产投资。从2000—2013 年来看，全国高新技术企业新增固定资产投资由 2000 年的 421.02 亿元增加到 2013 年的 9874.273 亿元，增长 22.45 倍，东部地区高新技术企业新增固定资产投资由 2000 年的 299.64 亿元增加到 2013 年的 5531.987 亿元，增长 17.46 倍，中部地区高新技术企业新增固定资产投资由 2000 年的 67.49 亿元增加到 2013 年的 3045.714 亿元，增长 44.13 倍，西部地区高新技术企业新增固定资产投资由 2000 年的 53.88 亿元增加为 2013 年的 1296.571 亿元，增长 23.06 倍。从增长速度看，中部和西部地区的增长速度要高于东部地区，更是超过了全国的增长速度。

### 三 高新技术企业发展的国际比较

表 4-18 是部分国家高新技术企业出口的比较，表中显示，截至 2012 年，中国高新技术企业出口额为 505645.7 百万美元，高于美国、英国、日本和韩国，并且是美国高新技术企业出口额的 3 倍之多；但在 2000 年，中国高新技术企业出口额还低于美国、英国和日本，说明 2002—2012 年，中国高新技术企业发展迅猛，增长了 6.3 倍。

表 4-18　　　　　　部分国家高新技术企业出口总额　　　单位：百万美元

| 国家 | 2002 年 | 2005 年 | 2006 年 | 2007 年 | 2008 年 | 2009 年 | 2010 年 | 2011 年 | 2012 年 |
|---|---|---|---|---|---|---|---|---|---|
| 中国 | 69226.43 | 215928.4 | 273131.5 | 302773.3 | 340117.8 | 309600.9 | 406089.7 | 457106.6 | 505645.7 |
| 美国 | 162082.3 | 190737.2 | 219026 | 218115.5 | 220884.5 | 132406.7 | 145497.8 | 145273.4 | 148772.5 |
| 日本 | 95882.19 | 125445.5 | 129241.2 | 117857.8 | 119915 | 95158.64 | 122047.2 | 126477.5 | 123411.8 |
| 英国 | 69891.7 | 83696.92 | 116295.6 | 61149.41 | 59426.81 | 55135.19 | 59785.47 | 69314.83 | 67786.97 |
| 韩国 | 46935.94 | 83907.32 | 93351.82 | 101032 | 100908.6 | 92855.65 | 121478.1 | 122021.4 | 121312.6 |

资料来源：世界银行：《世界发展指标》(2014)。

表 4-19 是部分国家高新技术企业出口占制造业出口的比重，表中显示，截至 2012 年，中国高新技术企业出口占制造业出口的比重

为 26.27%，美国高新技术企业出口占制造业出口的比重为 17.83%，日本高新技术企业出口占制造业出口的比重为 17.41%，英国高新技术企业出口占制造业出口的比重为 21.74%，韩国高新技术企业出口占制造业出口的比重为 26.17%，可以看出，我国高新技术企业出口额占制造业比重最大。但在 2002 年，我国高新技术企业出口占制造业出口的比重还处在美国、英国和韩国之后，说明这 11 年期间我国高新技术企业发展较快。

表 4-19　　部分国家高新技术企业出口占制造业出口的比重　　单位:%

| 国家 | 2002 年 | 2005 年 | 2006 年 | 2007 年 | 2008 年 | 2009 年 | 2010 年 | 2011 年 | 2012 年 |
|------|---------|---------|---------|---------|---------|---------|---------|---------|---------|
| 中国 | 23.67 | 30.84 | 30.51 | 26.66 | 25.56 | 27.53 | 27.51 | 25.81 | 26.27 |
| 美国 | 31.76 | 29.90 | 30.06 | 27.22 | 25.92 | 21.49 | 19.93 | 18.09 | 17.83 |
| 日本 | 24.78 | 22.98 | 22.05 | 18.41 | 17.31 | 18.76 | 17.96 | 17.46 | 17.41 |
| 英国 | 31.74 | 28.31 | 33.88 | 18.92 | 18.50 | 21.78 | 21.02 | 21.42 | 21.74 |
| 韩国 | 31.53 | 32.48 | 32.15 | 30.54 | 27.59 | 28.73 | 29.46 | 25.72 | 26.17 |

资料来源：世界银行：《世界发展指标》(2014)。

#### 四　小结

根据对我国高新技术企业经营现状、R&D 投入及相关情况描述，以及高新技术企业投资状况对比分析可以看出，我国高新技术企业虽然近年来发展较快，但还存在着区域间发展不平衡，总的来说，西部地区经营发展较慢，东部地区经营发展较快；因此，近些年来，西部和中部地区也在加大对高新技术企业固定资产的投资额。

## 第二节　高新技术企业融资效率研究

### 一　DEA 模型及指标选择

数据包络分析（DEA）方法可以用来评价高新技术企业融资效率，查尼斯（Charnes）等于 1978 年提出了第一个被命名为 CCR 的模型，这一模型是用来研究具有多个输入、特别是具有多个输出的"生产部门"同时为"规模有效"与"技术有效"的十分理想且卓有成效的方法[1]，但是 CCR 模型中假定规模收益不变，在此基础之上，查尼斯等于 1984 年发展成了 BCC 模型，此模型假定规模收益变动。DEA 模型分为产出导向和投入导向两种形式，产出导向的 DEA 模型设定为给定一定量的投入要素，求取产出值最大，而投入导向的 DEA 模型是指在给定产出水平下使投入成本最小。[2] 据此本书在研究高新技术企业融资效率的过程中选用了产出导向的 BCC 模型。

本书在评价高新技术企业融资效率时，根据沈友华（2009）等的研究，指标选择包括如下输入输出指标体系，输入指标包括流动比率、资产负债率、总资产和总营业成本，输出指标包括净资产收益率、净利润、营业收入增长率和总资产周转率。

本书以 2007 年深市和沪市上市的所有 A 股公司为基础，根据《国家重点支持的高新技术领域》中的规定，我们选取电子行业、医药、生物制品、航空运输业以及信息技术业等行业的公司作为样本，在剔除了 ST、PT 公司以及数据缺失的样本后，我们随机选取东部地区 30 家高新技术上市公司、中部地区 30 家高新技术上市公司以及西部地区 30 家高新技术上市公司，按照上述指标，我们测量中部、东部、西部 2007—2013 年的融资效率。

## 二 各地区高新技术企业输入输出指标

表 4－20 是东部地区高新技术企业 2007—2013 年各输入输出指标均值。从输入指标来看，流动比率逐年上升，由 2007 年的 1.805 上升到 2013 年的 2.443，资产负债率在这几年内变化不大，资产规模有增加，由 2007 年的 11.5 亿元增加到 2013 年的 20.1 亿元，总营业成本也有所增加，由 2007 年的 6.27 亿元增加到 2013 年 12.9 亿元；

---

[1] 汪柱旺、谭安华：《基于 DEA 的财政支出效率评价研究》，《当代财经》2007 年第 10 期。

[2] 白雪洁、戴小辉：《基于 DEA 模型的中国主要轿车企业生产效率分析》，《财经研究》2006 年第 10 期。

从输出指标看，净资产收益率有所降低，2007 年最高，达到 12.681%，2013 年最低，达到 5.79%，净利润有所上升，2007 年为 0.243 亿元，2013 年为 0.339 亿元，营业收入增长率在 2007—2013 年出现较大波动，2010 年达到最高，为 24.89%，2008 年较低，为 3.644%，总资产周转率处于下降状态，由 2007 年的 0.874 下降到 2013 年的 0.717。

表 4 – 20　　东部地区高新技术企业 2007—2013 年各输入输出指标均值

| 年份 | 净资产收益率（平均）（%） | 净利润（元） | 营业收入增长率（%） | 总资产周转率（次） | 流动比率（%） | 资产负债率（%） | 资产合计（元） | 总营业成本（元） |
|---|---|---|---|---|---|---|---|---|
| 2007 | 12.681 | 2.43E+08 | 11.400 | 0.874 | 1.805 | 45.227 | 1.15E+10 | 6.27E+09 |
| 2008 | 6.696 | 5.31E+08 | 3.644 | 0.809 | 1.570 | 44.845 | 1.19E+10 | 6.88E+09 |
| 2009 | 8.240 | 1.91E+08 | 6.427 | 0.775 | 1.771 | 45.464 | 1.43E+10 | 7.06E+09 |
| 2010 | 12.517 | 2.22E+08 | 24.890 | 0.785 | 1.731 | 45.115 | 1.57E+10 | 8.3E+09 |
| 2011 | 9.960 | 2.76E+08 | 10.861 | 0.772 | 2.105 | 43.627 | 1.7E+10 | 9.9E+09 |
| 2012 | 7.487 | 2.87E+08 | 21.898 | 0.758 | 2.165 | 44.661 | 1.91E+10 | 1.14E+10 |
| 2013 | 5.790 | 3.39E+08 | 6.064 | 0.717 | 2.443 | 42.707 | 2.01E+10 | 1.29E+10 |
| 均值 | 9.053 | 2.98E+08 | 12.169 | 0.784 | 1.942 | 44.521 | 1.56E+10 | 8.96E+09 |

表 4 – 21 是中部地区高新技术企业 2007—2013 年各输入输出指标均值。从输入指标看，流动比率处于增长状态，由 2007 年的 1.615 增加到 2013 年的 2.004，资产负债率在 2007—2013 年基本维持不变，资产规模逐年增加，由 2007 年的 2.71 亿元增加到 2013 年的 6.59 亿元，总营业成本也呈逐年增加趋势，由 2007 年的 2.39 亿元增加到 2013 年的 5.2 亿元；从输出指标来看，净资产收益率处于波动状态，2010 年达到最高 13.159%，2013 年最低，为 5.457%，净利润处于增长趋势，由 2007 年的 0.17 亿元增加到 2013 年的 0.258 亿元，营业收入增长率有较大幅度减少，2007 年为 55.397%，而 2013 年为 9.771%，总资产周转率也有所下降，由 2007 年的 0.837 次减少到 2013 年的 0.705 次。

**表 4 – 21**　　中部地区高新技术企业 2007—2013 年各输入输出指标均值

| 年份 | 净资产收益率（平均）（%） | 净利润（元） | 营业收入增长率（%） | 总资产周转率（次） | 流动比率（%） | 资产负债率（%） | 资产合计（元） | 总营业成本（元） |
|---|---|---|---|---|---|---|---|---|
| 2007 | 11.356 | 1.7E+08 | 55.397 | 0.837 | 1.615 | 43.523 | 2.71E+09 | 2.39E+09 |
| 2008 | 6.874 | 1.45E+08 | 11.884 | 0.844 | 1.705 | 43.196 | 2.89E+09 | 2.75E+09 |
| 2009 | 9.187 | 2.15E+08 | 13.074 | 0.823 | 1.827 | 43.889 | 3.4E+09 | 3.12E+09 |
| 2010 | 13.159 | 3.02E+08 | 19.783 | 0.872 | 1.972 | 44.095 | 4.17E+09 | 4.14E+09 |
| 2011 | 12.677 | 2.92E+08 | 10.711 | 0.841 | 2.091 | 42.366 | 4.81E+09 | 4.58E+09 |
| 2012 | 8.732 | 2.17E+08 | 5.609 | 0.751 | 2.128 | 42.744 | 5.65E+09 | 4.63E+09 |
| 2013 | 5.457 | 2.58E+08 | 9.771 | 0.705 | 2.004 | 41.981 | 6.59E+09 | 5.2E+09 |
| 均值 | 9.635 | 2.28E+08 | 18.033 | 0.811 | 1.906 | 43.114 | 4.32E+09 | 3.83E+09 |

表 4 – 22 是西部地区高新技术企业 2007—2013 年各输入输出指标均值。从输入指标来看，流动比率有少许增加，由 2007 年的 1.724 增加到 2013 年的 1.834，资产负债率在 2007—2013 年基本维持不变，资产规模逐年增加，由 2007 年的 2.48 亿元增加到 2013 年的 7.12 亿元，总营业成本也呈逐年增加趋势，由 2007 年的 1.98 亿元增加到 2013 年的 5.23 亿元；从输出指标看，净资产收益率处于波动状态，2010 年达到最高 9.878%，2008 年最低，为 2.727%，净利润处于增长趋势，由 2007 年的 0.066 亿元增加到 2013 年的 0.292 亿元，营业收入增长率处于波动状态，2011 年为 6.017%，而 2008 年为 28.877%，总资产周转率有所下降，由 2007 年的 0.814 次减少到 2013 年的 0.702 次。

**表 4 – 22**　　西部地区高新技术企业 2007—2013 年各输入输出指标均值

| 年份 | 净资产收益率（平均）（%） | 净利润（元） | 营业收入增长率（%） | 总资产周转率（次） | 流动比率（%） | 资产负债率（%） | 资产合计（元） | 总营业成本（元） |
|---|---|---|---|---|---|---|---|---|
| 2007 | 7.337 | 6.58E+07 | 19.075 | 0.814 | 1.724 | 46.814 | 2.48E+09 | 1.98E+09 |
| 2008 | 2.727 | 5.64E+07 | 28.877 | 0.804 | 2.001 | 45.910 | 3.05E+09 | 2.44E+09 |

续表

| 年份 | 净资产收益率（平均）（%） | 净利润（元） | 营业收入增长率（%） | 总资产周转率（次） | 流动比率（%） | 资产负债率（%） | 资产合计（元） | 总营业成本（元） |
|---|---|---|---|---|---|---|---|---|
| 2009 | 4.111 | 8.28E+07 | 8.111 | 0.738 | 1.890 | 47.966 | 3.99E+09 | 3.06E+09 |
| 2010 | 9.878 | 1.63E+08 | 20.805 | 0.787 | 1.809 | 48.345 | 4.83E+09 | 3.92E+09 |
| 2011 | 7.737 | 1.4E+08 | 6.017 | 0.734 | 1.927 | 47.032 | 5.73E+09 | 4.23E+09 |
| 2012 | 4.908 | 1.3E+08 | 9.461 | 0.699 | 1.860 | 47.476 | 6.3E+09 | 4.53E+09 |
| 2013 | 7.447 | 2.92E+08 | 18.257 | 0.702 | 1.834 | 48.575 | 7.12E+09 | 5.23E+09 |
| 均值 | 6.306 | 1.33E+08 | 15.801 | 0.754 | 1.864 | 47.445 | 4.78E+09 | 3.63E+09 |

## 三　各地区高新技术企业融资效率

### （一）东部地区高新技术企业融资效率

使用 DEA 模型对高新技术企业的融资效率进行测度，表4-23 是东部地区高新技术企业 2007—2013 年融资综合技术效率。从均值来看，2007—2013 年东部地区高新技术企业融资综合技术效率呈现增加趋势，由 2007 年的 0.748 上升到 2013 年的 0.893；具体表现为由增到减，然后再由减到增的趋势，2007 年为 0.748，增加到 2008 年的 0.952，然后减少到 2009 年的 0.897 和 2010 年的 0.822，后续又上升，到 2012 年的 0.912。从最优综合技术的决策数量来看，2007 年达到最优综合技术效率的决策数量为 2 个单元，2008 年为 4 个单元，2009 年为 5 个单元，2010 年为 4 个单元，2011 年为 8 个单元，2012 年为 6 个单元，2013 年为 7 个单元，可以看出，东部地区高新技术企业最优综合技术的决策单元处于增长趋势。

表4-23　东部地区高新技术企业 2007—2013 年融资综合技术效率

| 年份 | 2007 | 2008 | 2009 | 2010 | 2011 | 2012 | 2013 |
|---|---|---|---|---|---|---|---|
| 1 | 0.794 | 0.935 | 0.867 | 0.702 | 0.755 | 0.839 | 0.849 |
| 2 | 0.561 | 0.956 | 0.914 | 1 | 0.776 | 0.865 | 0.808 |
| 3 | 0.689 | 0.895 | 0.797 | 0.66 | 0.704 | 0.819 | 0.817 |

| 年份 | 2007 | 2008 | 2009 | 2010 | 2011 | 2012 | 2013 |
|---|---|---|---|---|---|---|---|
| 4 | 0.704 | 0.972 | 1 | 0.773 | 0.833 | 0.873 | 0.833 |
| 5 | 0.649 | 0.802 | 0.898 | 0.807 | 1 | 1 | 0.978 |
| 6 | 0.695 | 0.965 | 0.841 | 1 | 0.93 | 0.873 | 0.884 |
| 7 | 0.720 | 0.979 | 0.955 | 0.857 | 1 | 0.995 | 1 |
| 8 | 0.827 | 0.914 | 0.801 | 0.999 | 1 | 0.997 | 0.802 |
| 9 | 0.743 | 0.994 | 0.669 | 1 | 0.955 | 0.829 | 0.832 |
| 10 | 0.86 | 1 | 0.986 | 0.866 | 0.921 | 0.94 | 0.95 |
| 11 | 0.811 | 0.954 | 1 | 0.861 | 1 | 1 | 1 |
| 12 | 0.717 | 0.962 | 0.924 | 0.8 | 0.828 | 0.86 | 0.838 |
| 13 | 0.786 | 1 | 0.918 | 0.949 | 1 | 1 | 1 |
| 14 | 0.779 | 1 | 0.951 | 0.662 | 0.898 | 0.952 | 0.774 |
| 15 | 0.66 | 0.893 | 0.944 | 0.479 | 0.774 | 0.773 | 0.877 |
| 16 | 0.645 | 0.938 | 0.702 | 0.717 | 0.856 | 1 | 0.906 |
| 17 | 0.747 | 0.957 | 0.844 | 0.68 | 0.795 | 0.911 | 0.874 |
| 18 | 0.666 | 0.933 | 0.834 | 0.915 | 0.864 | 0.793 | 0.616 |
| 19 | 1 | 0.959 | 0.798 | 0.757 | 0.934 | 0.983 | 1 |
| 20 | 0.89 | 0.951 | 1 | 0.846 | 1 | 0.992 | 0.936 |
| 21 | 0.661 | 0.955 | 0.932 | 0.723 | 0.817 | 0.833 | 0.893 |
| 22 | 0.683 | 0.84 | 0.794 | 0.691 | 0.896 | 0.877 | 0.814 |
| 23 | 0.682 | 0.958 | 0.88 | 0.775 | 0.812 | 0.897 | 0.867 |
| 24 | 0.835 | 0.971 | 1 | 1 | 1 | 1 | 1 |
| 25 | 0.715 | 0.954 | 0.895 | 0.734 | 0.78 | 0.827 | 0.916 |
| 26 | 0.657 | 0.955 | 0.851 | 0.665 | 0.717 | 0.821 | 0.855 |
| 27 | 1 | 1 | 1 | 0.985 | 1 | 1 | 1 |
| 28 | 0.73 | 0.991 | 0.986 | 0.845 | 0.812 | 0.873 | 0.881 |
| 29 | 0.738 | 0.986 | 0.934 | 0.93 | 0.957 | 0.963 | 0.978 |
| 30 | 0.756 | 0.976 | 0.987 | 0.974 | 0.957 | 0.967 | 1 |
| 均值 | 0.748 | 0.952 | 0.897 | 0.822 | 0.886 | 0.912 | 0.893 |

表 4 - 24 是东部地区高新技术企业 2007—2013 年融资纯技术效率。从均值看，2007—2013 年，东部地区高新技术企业融资纯技术效

率呈现增加趋势，由 2007 年的 0.973 上升到 2013 年的 0.980；具体表现为由增到减，然后再由减到增的趋势，2007 年为 0.973，增加到 2009 年的 0.982，然后减少到 2010 年的 0.979，随后开始增加，到 2013 年为 0.980。从最优纯技术的决策数量来看，2007 年达到最优纯技术效率的决策数量为 5 个单元，2008 年为 8 个单元，2009 年为 11 个单元，2010 年为 12 个单元，2011 年为 14 个单元，2012 年为 12 个单元，2013 年为 12 个单元，可以看出，东部地区高新技术企业最优纯技术决策单元处于增长趋势，而且占比较高，最高年份为 46.67%。

**表 4 – 24  东部地区高新技术企业 2007—2013 年融资纯技术效率**

| 年份 | 2007 | 2008 | 2009 | 2010 | 2011 | 2012 | 2013 |
|------|------|------|------|------|------|------|------|
| 1 | 0.95 | 0.958 | 0.962 | 0.955 | 0.959 | 0.963 | 0.969 |
| 2 | 1 | 1 | 1 | 1 | 1 | 1 | 1 |
| 3 | 0.897 | 0.912 | 0.896 | 0.881 | 0.878 | 0.898 | 0.904 |
| 4 | 1 | 0.998 | 1 | 0.996 | 1 | 0.999 | 0.998 |
| 5 | 0.945 | 0.958 | 0.977 | 1 | 1 | 1 | 1 |
| 6 | 0.994 | 0.999 | 0.987 | 1 | 0.969 | 0.965 | 0.971 |
| 7 | 0.720 | 0.986 | 0.990 | 1 | 1 | 1 | 1 |
| 8 | 0.827 | 0.997 | 1 | 1 | 1 | 1 | 1 |
| 9 | 0.743 | 1 | 0.937 | 1 | 0.961 | 0.919 | 0.917 |
| 10 | 0.99 | 1 | 0.998 | 0.992 | 0.989 | 0.991 | 0.987 |
| 11 | 0.943 | 0.955 | 1 | 0.928 | 1 | 1 | 1 |
| 12 | 0.946 | 0.976 | 0.976 | 0.968 | 0.955 | 0.961 | 0.951 |
| 13 | 0.99 | 1 | 0.988 | 1 | 1 | 1 | 1 |
| 14 | 1 | 1 | 1 | 1 | 1 | 1 | 1 |
| 15 | 0.978 | 0.977 | 0.986 | 0.981 | 0.989 | 0.995 | 0.999 |
| 16 | 0.998 | 0.999 | 1 | 1 | 1 | 1 | 1 |
| 17 | 0.979 | 0.985 | 0.987 | 0.988 | 0.993 | 1 | 0.998 |
| 18 | 0.989 | 1 | 1 | 0.984 | 0.984 | 0.989 | 0.986 |
| 19 | 1 | 0.967 | 0.979 | 0.987 | 0.987315 | 0.988 | 1 |
| 20 | 0.939 | 0.959 | 1 | 0.943 | 1 | 0.997 | 0.959 |
| 21 | 0.987 | 0.985 | 0.998 | 0.990 | 0.985 | 0.988 | 0.998 |

续表

| 年份 | 2007 | 2008 | 2009 | 2010 | 2011 | 2012 | 2013 |
|------|------|------|------|------|------|------|------|
| 22 | 0.852 | 0.847 | 0.853 | 0.844 | 0.919 | 0.902 | 0.840 |
| 23 | 0.969 | 0.978 | 0.979 | 0.981 | 0.981 | 0.986 | 0.981 |
| 24 | 0.981 | 0.985 | 1 | 1 | 1 | 1 | 1 |
| 25 | 0.991 | 0.992 | 0.993 | 0.986 | 0.986 | 0.983 | 0.985 |
| 26 | 0.986 | 0.987 | 0.984 | 0.986 | 0.986 | 0.993 | 0.996 |
| 27 | 1 | 1 | 1 | 1 | 1 | 1 | 1 |
| 28 | 0.98 | 0.994 | 0.987 | 0.984 | 0.959 | 0.965 | 0.961 |
| 29 | 0.994 | 1 | 0.998 | 0.999 | 1 | 0.999 | 0.999 |
| 30 | 0.994 | 0.998 | 1 | 1 | 1 | 1 | 1 |
| 均值 | 0.973 | 0.979 | 0.982 | 0.979 | 0.983 | 0.983 | 0.980 |

表4–25是东部地区高新技术企业2007—2013年融资规模效率。从均值看，2007—2013年，东部地区高新技术企业融资规模效率呈现增长趋势，由2007年的0.766上升到2013年的0.911；具体表现为由增到减，然后再由减到增的趋势，2007年为0.766，增加到2008年的0.971，然后减少到2010年的0.838，随后开始增加，到2012年为0.927。从最优规模的决策数量来看，2007年达到最优规模效率的决策数量为2个单元，2008年为4个单元，2009年为5个单元，2010年为4个单元，2011年为8个单元，2012年为6个单元，2013年为7个单元，可以看出，东部地区高新技术企业最优规模的决策单元处于增长趋势。

表4–25　东部地区高新技术企业2007—2013年融资规模效率

| 年份 | 2007 | 2008 | 2009 | 2010 | 2011 | 2012 | 2013 |
|------|------|------|------|------|------|------|------|
| 1 | 0.836 | 0.976 | 0.901 | 0.735 | 0.787 | 0.871 | 0.876 |
| 2 | 0.561 | 0.956 | 0.914 | 1 | 0.776 | 0.865 | 0.808 |
| 3 | 0.769 | 0.981 | 0.89 | 0.749 | 0.802 | 0.912 | 0.904 |
| 4 | 0.704 | 0.974 | 1 | 0.776 | 0.833 | 0.874 | 0.835 |
| 5 | 0.686 | 0.837 | 0.919 | 0.807 | 1 | 1 | 0.978 |

| 年份 | 2007 | 2008 | 2009 | 2010 | 2011 | 2012 | 2013 |
|---|---|---|---|---|---|---|---|
| 6 | 0.699 | 0.966 | 0.852 | 1 | 0.959 | 0.905 | 0.91 |
| 7 | 0.720 | 0.993 | 0.965 | 0.857 | 1 | 0.995 | 1 |
| 8 | 0.827 | 0.917 | 0.801 | 0.999 | 1 | 0.997 | 0.802 |
| 9 | 0.743 | 0.994 | 0.714 | 1 | 0.994 | 0.902 | 0.907 |
| 10 | 0.868 | 1 | 0.989 | 0.873 | 0.931 | 0.949 | 0.963 |
| 11 | 0.86 | 0.999 | 1 | 0.928 | 1 | 1 | 1 |
| 12 | 0.758 | 0.985 | 0.947 | 0.826 | 0.867 | 0.895 | 0.881 |
| 13 | 0.794 | 1 | 0.929 | 0.949 | 1 | 1 | 1 |
| 14 | 0.779 | 1 | 0.951 | 0.662 | 0.898 | 0.952 | 0.774 |
| 15 | 0.675 | 0.914 | 0.957 | 0.488 | 0.783 | 0.777 | 0.878 |
| 16 | 0.647 | 0.939 | 0.702 | 0.717 | 0.856 | 1 | 0.906 |
| 17 | 0.763 | 0.972 | 0.855 | 0.688 | 0.801 | 0.911 | 0.876 |
| 18 | 0.673 | 0.933 | 0.834 | 0.93 | 0.878 | 0.802 | 0.625 |
| 19 | 1 | 0.992 | 0.815 | 0.767 | 0.946 | 0.995 | 1 |
| 20 | 0.948 | 0.992 | 1 | 0.897 | 1 | 0.995 | 0.976 |
| 21 | 0.67 | 0.969 | 0.934 | 0.73 | 0.829 | 0.843 | 0.895 |
| 22 | 0.801 | 0.992 | 0.931 | 0.819 | 0.975 | 0.972 | 0.969 |
| 23 | 0.704 | 0.979 | 0.899 | 0.79 | 0.828 | 0.91 | 0.884 |
| 24 | 0.851 | 0.986 | 1 | 1 | 1 | 1 | 1 |
| 25 | 0.721 | 0.962 | 0.901 | 0.744 | 0.791 | 0.841 | 0.93 |
| 26 | 0.667 | 0.967 | 0.865 | 0.674 | 0.727 | 0.827 | 0.858 |
| 27 | 1 | 1 | 1 | 0.985 | 1 | 1 | 1 |
| 28 | 0.745 | 0.997 | 0.999 | 0.859 | 0.846 | 0.905 | 0.917 |
| 29 | 0.743 | 0.986 | 0.936 | 0.931 | 0.957 | 0.964 | 0.979 |
| 30 | 0.76 | 0.978 | 0.987 | 0.974 | 0.957 | 0.967 | 1 |
| 均值 | 0.766 | 0.971 | 0.913 | 0.838 | 0.901 | 0.927 | 0.911 |

表4-26列示了东部地区高新技术企业2007—2013年融资最优决策数量。从2007—2013年的合计来看，最优纯技术决策数量最高，为74个单元，占35.24%，而最优综合技术决策数量为36个单元，说明在目前技术水平上，其投入资源的使用是有效率的，未能达到综合有效的根本原因在于其规模无效。

表 4 - 26　　东部地区高新技术企业 2007—2013 年融资最优决策数量

| 年份 | 2007 | 2008 | 2009 | 2010 | 2011 | 2012 | 2013 | 合计 |
|------|------|------|------|------|------|------|------|------|
| 综合技术有效 | 2 | 4 | 5 | 4 | 8 | 6 | 7 | 36 |
| 占比（%） | 6.67 | 13.33 | 16.67 | 13.33 | 26.67 | 20 | 23.33 | 17.14 |
| 纯技术有效 | 5 | 8 | 11 | 12 | 14 | 12 | 12 | 74 |
| 占比（%） | 16.67 | 26.67 | 36.67 | 40 | 46.67 | 40 | 40 | 35.24 |
| 规模有效 | 2 | 4 | 5 | 4 | 8 | 6 | 7 | 36 |
| 占比（%） | 6.67 | 13.33 | 16.67 | 13.33 | 26.67 | 20 | 23.33 | 17.14 |

（二）中部地区高新技术企业融资效率

表 4 - 27 是中部地区高新技术企业 2007—2013 年融资综合技术效率。从均值看，2007—2013 年中部地区高新技术企业融资综合技术效率呈现增加趋势，由 2007 年的 0.735 上升到 2013 年的 0.883；具体表现为由增到减，然后再由减到增的趋势，2007 年为 0.735，增加到 2008 年的 0.963，然后减少到 2009 年的 0.910 和 2010 年的 0.825，后续又呈现逐步上升，到 2012 年为 0.907。从最优综合技术决策数量看，2007 年达到最优综合技术效率的决策数量为 2 个单元，2008 年为 6 个单元，2009 年为 6 个单元，2010 年为 5 个单元，2011 年为 9 个单元，2012 年为 7 个单元，2013 年为 6 个单元，可以看出，中部地区高新技术企业最优综合技术的决策单元处于增长趋势。

表 4 - 27　　中部地区高新技术企业 2007—2013 年融资综合技术效率

| 年份 | 2007 | 2008 | 2009 | 2010 | 2011 | 2012 | 2013 |
|------|------|------|------|------|------|------|------|
| 1 | 0.876 | 1 | 1 | 1 | 1 | 1 | 1 |
| 2 | 0.809 | 0.987 | 0.95 | 0.869 | 0.968 | 0.931 | 0.819 |
| 3 | 0.617 | 0.939 | 0.837 | 0.825 | 1 | 0.904 | 0.879 |
| 4 | 0.651 | 0.968 | 0.827 | 0.892 | 1 | 1 | 0.589 |
| 5 | 0.731 | 1 | 1 | 0.895 | 0.861 | 0.905 | 0.894 |
| 6 | 1 | 1 | 1 | 1 | 1 | 1 | 1 |
| 7 | 1 | 1 | 0.974 | 0.924 | 1 | 1 | 1 |

续表

| 年份 | 2007 | 2008 | 2009 | 2010 | 2011 | 2012 | 2013 |
|------|-------|-------|-------|-------|-------|-------|-------|
| 8 | 0.649 | 0.954 | 0.998 | 0.816 | 0.944 | 1 | 1 |
| 9 | 0.61 | 0.936 | 0.853 | 0.701 | 0.753 | 0.819 | 0.868 |
| 10 | 0.815 | 1 | 1 | 1 | 1 | 1 | 1 |
| 11 | 0.656 | 0.971 | 0.936 | 0.841 | 1 | 0.912 | 0.893 |
| 12 | 0.656 | 0.94 | 0.945 | 0.682 | 0.746 | 0.839 | 0.863 |
| 13 | 0.712 | 0.917 | 0.838 | 0.808 | 0.928 | 0.971 | 0.851 |
| 14 | 0.906 | 0.974 | 0.864 | 0.716 | 0.778 | 0.824 | 0.902 |
| 15 | 0.639 | 0.946 | 0.908 | 0.831 | 0.814 | 0.844 | 0.819 |
| 16 | 0.728 | 0.978 | 0.858 | 0.835 | 0.877 | 0.888 | 0.973 |
| 17 | 0.716 | 0.957 | 0.889 | 0.724 | 0.829 | 0.876 | 0.923 |
| 18 | 0.634 | 0.924 | 0.872 | 0.741 | 0.72 | 0.831 | 0.814 |
| 19 | 0.692 | 0.941 | 0.846 | 0.727 | 0.823 | 0.816 | 0.828 |
| 20 | 0.703 | 0.947 | 0.865 | 0.728 | 0.826 | 0.83 | 0.833 |
| 21 | 0.706 | 0.943 | 0.844 | 0.717 | 0.838 | 0.873 | 0.89 |
| 22 | 0.738 | 0.972 | 0.97 | 0.719 | 0.959 | 0.855 | 0.855 |
| 23 | 0.614 | 0.934 | 0.879 | 0.753 | 0.859 | 0.872 | 0.845 |
| 24 | 0.672 | 0.918 | 0.673 | 0.816 | 0.882 | 0.942 | 0.753 |
| 25 | 0.813 | 0.977 | 0.955 | 0.789 | 1 | 0.887 | 0.915 |
| 26 | 0.746 | 0.967 | 1 | 1 | 0.907 | 0.872 | 0.901 |
| 27 | 0.621 | 0.939 | 0.842 | 0.666 | 0.786 | 0.848 | 0.678 |
| 28 | 0.812 | 0.976 | 0.92 | 0.871 | 0.925 | 0.935 | 0.945 |
| 29 | 0.767 | 0.974 | 0.952 | 0.849 | 0.921 | 0.943 | 0.948 |
| 30 | 0.756 | 1 | 1 | 1 | 1 | 1 | 1 |
| 均值 | 0.735 | 0.963 | 0.910 | 0.825 | 0.898 | 0.907 | 0.883 |

表 4-28 是中部地区高新技术企业 2007—2013 年融资纯技术效率。从均值看，2007—2013 年中部地区高新技术企业融资纯技术效率变化不大，基本维持在 0.984—0.990；从最优纯技术的决策数量来看，2007 年达到最优纯技术效率的决策数量为 5 个单元，2008 年为

10 个单元, 2009 年为 12 个单元, 2010 年为 7 个单元, 2011 年为 12 个单元, 2012 年为 11 个单元, 2013 年为 13 个单元, 可以看出, 中部地区高新技术企业最优纯技术决策单元处于增长趋势, 而且占比较高, 最高年份为 43.33%。

表 4-28    中部地区高新技术企业 2007—2013 年融资纯技术效率

| 年份 | 2007 | 2008 | 2009 | 2010 | 2011 | 2012 | 2013 |
|------|-------|-------|-------|-------|-------|-------|-------|
| 1 | 0.957 | 1 | 1 | 1 | 1 | 1 | 1 |
| 2 | 0.981 | 0.991 | 0.989 | 0.991 | 0.991 | 0.991 | 0.981 |
| 3 | 0.992 | 0.993 | 0.993 | 0.990 | 1 | 0.989 | 0.992 |
| 4 | 0.998 | 0.997 | 0.997 | 1 | 1 | 1 | 1 |
| 5 | 0.996 | 1 | 1 | 0.997 | 0.990 | 0.988 | 0.989 |
| 6 | 1 | 1 | 1 | 1 | 1 | 1 | 1 |
| 7 | 1 | 1 | 1 | 1 | 1 | 1 | 1 |
| 8 | 0.986 | 0.985 | 1 | 0.990 | 0.989 | 1 | 1 |
| 9 | 0.998 | 1 | 1 | 0.998 | 0.999 | 1 | 1 |
| 10 | 0.936 | 1 | 1 | 1 | 1 | 1 | 1 |
| 11 | 0.985 | 0.982 | 0.984 | 0.981 | 1 | 0.968 | 0.956 |
| 12 | 0.986 | 0.989 | 0.995 | 0.985 | 0.985 | 0.986 | 0.985 |
| 13 | 0.938 | 0.924 | 0.921 | 0.930 | 0.962 | 1 | 0.950 |
| 14 | 1 | 1 | 0.997 | 0.994 | 0.994 | 0.995 | 1 |
| 15 | 0.977 | 0.978 | 0.979 | 0.986 | 0.979 | 0.979 | 0.978 |
| 16 | 0.992 | 0.998 | 0.993 | 0.994 | 0.995 | 0.993 | 1 |
| 17 | 0.993 | 0.993 | 1 | 0.994 | 0.994 | 0.993 | 0.995 |
| 18 | 0.961 | 0.973 | 0.977 | 0.967 | 0.970 | 0.969 | 0.965 |
| 19 | 0.977 | 0.976 | 0.979 | 0.982 | 0.980 | 0.899 | 0.888 |
| 20 | 0.978 | 0.979 | 0.978 | 0.980 | 0.984 | 0.986 | 0.986 |
| 21 | 0.985 | 0.985 | 0.986 | 0.988 | 0.989 | 0.986 | 0.988 |
| 22 | 0.989 | 0.979 | 0.999 | 0.994 | 0.997 | 0.992 | 0.992 |
| 23 | 0.949 | 0.954 | 0.948 | 0.952 | 0.941 | 0.936 | 0.925 |
| 24 | 0.998 | 1 | 1 | 0.996 | 1 | 1 | 1 |

| 年份 | 2007 | 2008 | 2009 | 2010 | 2011 | 2012 | 2013 |
|------|-------|-------|-------|-------|-------|-------|-------|
| 25 | 0.995 | 0.989 | 0.989 | 0.987 | 1 | 0.987 | 0.987 |
| 26 | 0.985 | 0.987 | 1 | 1 | 0.977 | 0.959 | 0.962 |
| 27 | 0.994 | 0.997 | 0.997 | 0.998 | 1 | 1 | 1 |
| 28 | 1 | 0.999 | 1 | 0.998 | 1 | 0.998 | 1 |
| 29 | 0.996 | 1 | 0.998 | 0.994 | 0.996 | 0.997 | 0.999 |
| 30 | 1 | 1 | 1 | 1 | 1 | 1 | 1 |
| 均值 | 0.984 | 0.988 | 0.990 | 0.989 | 0.990 | 0.986 | 0.984 |

　　表4－29是中部地区高新技术企业2007—2013年融资规模效率。从均值看，2007—2013年中部地区高新技术企业融资规模效率呈现增长趋势，由2007年的0.747上升到2013年的0.897；具体表现为由增到减，然后再由减到增的趋势，2007年为0.747，增加到2008年的0.974，然后减少到2010年的0.833，随后开始增加，到2012年为0.919。从最优规模决策数量看，2007年达到最优规模效率的决策数量为2个单元，2008年为6个单元，2009年为6个单元，2010年为5个单元，2011年为9个单元，2012年为7个单元，2013年为6个单元，可以看出，中部地区高新技术企业最优规模的决策单元有所增加。

表4－29　中部地区高新技术企业2007—2013年融资规模效率

| 年份 | 2007 | 2008 | 2009 | 2010 | 2011 | 2012 | 2013 |
|------|-------|-------|-------|-------|-------|-------|-------|
| 1 | 0.915 | 1 | 1 | 1 | 1 | 1 | 1 |
| 2 | 0.825 | 0.996 | 0.96 | 0.877 | 0.977 | 0.939 | 0.835 |
| 3 | 0.622 | 0.945 | 0.843 | 0.833 | 1 | 0.914 | 0.886 |
| 4 | 0.652 | 0.971 | 0.829 | 0.892 | 1 | 1 | 0.589 |
| 5 | 0.734 | 1 | 1 | 0.898 | 0.87 | 0.916 | 0.904 |
| 6 | 1 | 1 | 1 | 1 | 1 | 1 | 1 |
| 7 | 1 | 1 | 0.974 | 0.924 | 1 | 1 | 1 |

| 年份 | 2007 | 2008 | 2009 | 2010 | 2011 | 2012 | 2013 |
|------|------|------|------|------|------|------|------|
| 8 | 0.658 | 0.968 | 0.998 | 0.824 | 0.954 | 1 | 1 |
| 9 | 0.611 | 0.936 | 0.853 | 0.702 | 0.754 | 0.819 | 0.868 |
| 10 | 0.87 | 1 | 1 | 1 | 1 | 1 | 1 |
| 11 | 0.666 | 0.989 | 0.951 | 0.857 | 1 | 0.942 | 0.934 |
| 12 | 0.665 | 0.95 | 0.95 | 0.692 | 0.757 | 0.851 | 0.876 |
| 13 | 0.759 | 0.992 | 0.91 | 0.869 | 0.965 | 0.971 | 0.896 |
| 14 | 0.906 | 0.974 | 0.866 | 0.72 | 0.783 | 0.828 | 0.902 |
| 15 | 0.654 | 0.967 | 0.927 | 0.843 | 0.831 | 0.862 | 0.837 |
| 16 | 0.734 | 0.98 | 0.864 | 0.84 | 0.881 | 0.894 | 0.973 |
| 17 | 0.721 | 0.964 | 0.889 | 0.728 | 0.834 | 0.882 | 0.927 |
| 18 | 0.66 | 0.95 | 0.892 | 0.766 | 0.742 | 0.857 | 0.843 |
| 19 | 0.708 | 0.964 | 0.864 | 0.74 | 0.84 | 0.907 | 0.932 |
| 20 | 0.719 | 0.967 | 0.884 | 0.743 | 0.839 | 0.842 | 0.845 |
| 21 | 0.717 | 0.957 | 0.856 | 0.726 | 0.847 | 0.885 | 0.901 |
| 22 | 0.746 | 0.992 | 0.971 | 0.723 | 0.962 | 0.862 | 0.862 |
| 23 | 0.647 | 0.979 | 0.927 | 0.791 | 0.913 | 0.932 | 0.914 |
| 24 | 0.673 | 0.918 | 0.673 | 0.819 | 0.882 | 0.942 | 0.753 |
| 25 | 0.817 | 0.988 | 0.965 | 0.799 | 1 | 0.899 | 0.927 |
| 26 | 0.757 | 0.98 | 1 | 1 | 0.928 | 0.909 | 0.937 |
| 27 | 0.625 | 0.942 | 0.844 | 0.667 | 0.786 | 0.848 | 0.678 |
| 28 | 0.812 | 0.977 | 0.92 | 0.873 | 0.925 | 0.937 | 0.945 |
| 29 | 0.77 | 0.974 | 0.954 | 0.854 | 0.925 | 0.946 | 0.949 |
| 30 | 0.756 | 1 | 1 | 1 | 1 | 1 | 1 |
| 均值 | 0.747 | 0.974 | 0.919 | 0.833 | 0.907 | 0.919 | 0.897 |

表4-30列示了中部地区高新技术企业2007—2013年融资最优决策数量。从2007—2013年合计看，最优纯技术决策数量最高，为70个单元，占比为33.33%，而最优综合技术决策数量为41个单元，说明在目前的技术水平上，其投入资源的使用是有效率的，未能达到综合有效的根本原因在于其规模无效。

表4－30　中部地区高新技术企业2007—2013年融资最优决策数量

| 年份 | 2007 | 2008 | 2009 | 2010 | 2011 | 2012 | 2013 | 合计 |
|------|------|------|------|------|------|------|------|------|
| 综合技术有效 | 2 | 6 | 6 | 5 | 9 | 7 | 6 | 41 |
| 占比（％） | 6.67 | 20 | 20 | 16.67 | 30 | 23.33 | 20 | 19.52 |
| 纯技术有效 | 5 | 10 | 12 | 7 | 12 | 11 | 13 | 70 |
| 占比（％） | 16.67 | 33.33 | 40 | 23.33 | 40 | 36.67 | 43.33 | 33.33 |
| 规模有效 | 2 | 6 | 6 | 5 | 9 | 7 | 6 | 41 |
| 占比（％） | 6.67 | 20 | 20 | 16.67 | 30 | 23.33 | 20 | 19.52 |

（三）西部地区高新技术企业融资效率

表4－31是西部地区高新技术企业2007—2013年融资综合技术效率。从均值看，2007—2013年西部地区高新技术企业融资综合技术效率呈增加趋势，由2007年的0.740上升到2013年的0.934；具体表现为由增到减，然后再由减到增的趋势，2007年为0.740，增加到2008年的0.965，然后减少到2010年的0.827，后续又呈现逐步上升，到2013年为0.934。从最优综合技术的决策数量来看，2007年达到最优综合技术效率的决策数量为1个单元，2008年为5个单元，2009年为3个单元，2010年为3个单元，2011年为2个单元，2012年为8个单元，2013年为9个单元，可以看出，西部地区高新技术企业最优综合技术的决策单元呈增长趋势。

表4－31　西部地区高新技术企业2007—2013年融资综合技术效率

| 年份 | 2007 | 2008 | 2009 | 2010 | 2011 | 2012 | 2013 |
|------|------|------|------|------|------|------|------|
| 1 | 0.743 | 0.95 | 0.878 | 0.808 | 0.793 | 0.894 | 0.917 |
| 2 | 0.861 | 1 | 0.912 | 0.914 | 0.897 | 0.878 | 1 |
| 3 | 0.719 | 0.936 | 0.853 | 0.577 | 0.949 | 0.811 | 0.97 |
| 4 | 0.663 | 1 | 1 | 1 | 0.97 | 1 | 1 |
| 5 | 0.622 | 0.924 | 0.805 | 0.722 | 0.757 | 0.834 | 0.851 |
| 6 | 0.884 | 0.965 | 0.778 | 0.855 | 0.946 | 0.948 | 0.906 |
| 7 | 0.805 | 1 | 0.983 | 0.901 | 0.989 | 1 | 1 |

续表

| 年份 | 2007 | 2008 | 2009 | 2010 | 2011 | 2012 | 2013 |
|------|------|------|------|------|------|------|------|
| 8 | 0.726 | 0.957 | 0.883 | 0.775 | 0.904 | 0.879 | 0.974 |
| 9 | 0.65 | 0.973 | 0.84 | 0.719 | 0.732 | 0.827 | 0.848 |
| 10 | 0.665 | 0.973 | 0.84 | 0.859 | 0.821 | 0.768 | 0.907 |
| 11 | 0.779 | 1 | 0.962 | 0.859 | 1 | 1 | 1 |
| 12 | 0.735 | 0.986 | 0.819 | 0.76 | 0.996 | 1 | 1 |
| 13 | 0.632 | 0.991 | 0.467 | 0.624 | 0.578 | 0.386 | 0.955 |
| 14 | 0.791 | 0.997 | 1 | 0.921 | 1 | 1 | 1 |
| 15 | 0.751 | 0.957 | 0.794 | 0.843 | 0.912 | 0.937 | 0.983 |
| 16 | 0.854 | 0.965 | 0.809 | 0.882 | 0.937 | 0.809 | 0.878 |
| 17 | 0.641 | 0.948 | 0.84 | 0.821 | 0.779 | 0.962 | 0.895 |
| 18 | 0.613 | 0.953 | 0.872 | 1 | 0.878 | 0.86 | 0.89 |
| 19 | 1 | 1 | 0.91 | 0.809 | 0.809 | 0.877 | 0.861 |
| 20 | 0.653 | 0.982 | 0.809 | 0.957 | 0.92 | 1 | 0.948 |
| 21 | 0.786 | 0.96 | 0.893 | 0.817 | 0.889 | 0.904 | 1 |
| 22 | 0.666 | 0.765 | 0.749 | 0.657 | 0.812 | 0.787 | 0.755 |
| 23 | 0.773 | 0.989 | 1 | 0.973 | 0.968 | 1 | 0.992 |
| 24 | 0.694 | 0.981 | 0.939 | 0.84 | 0.868 | 0.942 | 0.938 |
| 25 | 0.893 | 0.989 | 0.934 | 0.904 | 0.933 | 1 | 1 |
| 26 | 0.709 | 0.961 | 0.86 | 0.739 | 0.825 | 0.83 | 0.842 |
| 27 | 0.691 | 0.955 | 0.908 | 0.84 | 0.959 | 0.989 | 1 |
| 28 | 0.725 | 0.946 | 0.89 | 0.66 | 0.837 | 0.796 | 0.864 |
| 29 | 0.732 | 0.977 | 0.979 | 1 | 0.871 | 0.902 | 0.922 |
| 30 | 0.741 | 0.977 | 0.928 | 0.781 | 0.867 | 0.899 | 0.932 |
| 均值 | 0.740 | 0.965 | 0.871 | 0.827 | 0.880 | 0.891 | 0.934 |

表4-32是西部地区高新技术企业2007—2013年融资纯技术效率。从均值来看，2007—2013年西部地区高新技术企业融资纯技术效率变化不大，基本维持在0.986左右；从最优纯技术的决策数量来看，2007年达到最优纯技术效率的决策数量为10个单元，2008年为10个单元，2009年为12个单元，2010年为12个单元，2011年为11个单元，2012年为12个单元，2013年为16个单元，可以看出，西

部地区高新技术企业最优纯技术的决策单元呈增长趋势，而且占比较高，最高年份为 53.33%。

表 4-32 西部地区高新技术企业 2007—2013 年融资纯技术效率

| 年份 | 2007 | 2008 | 2009 | 2010 | 2011 | 2012 | 2013 |
|---|---|---|---|---|---|---|---|
| 1 | 0.991 | 0.997 | 0.998 | 0.991 | 0.985 | 0.991 | 0.984 |
| 2 | 1 | 1 | 1 | 1 | 1 | 0.999 | 1 |
| 3 | 1 | 1 | 1 | 0.998 | 1 | 0.996 | 0.998 |
| 4 | 0.995 | 1 | 1 | 1 | 0.993 | 1 | 1 |
| 5 | 0.972 | 0.973 | 0.977 | 0.973 | 0.975 | 0.978 | 0.980 |
| 6 | 1 | 0.998 | 0.991 | 0.992 | 0.996 | 0.994 | 0.992 |
| 7 | 0.993 | 1 | 1 | 0.999 | 0.999 | 1 | 1 |
| 8 | 0.990 | 0.993 | 0.991 | 0.994 | 0.997 | 0.998 | 1 |
| 9 | 0.997 | 0.999 | 0.997 | 1 | 0.994 | 0.997 | 0.998 |
| 10 | 1 | 0.999 | 0.941 | 0.953 | 0.933 | 0.938 | 0.951 |
| 11 | 1 | 1 | 1 | 1 | 1 | 1 | 1 |
| 12 | 0.997 | 0.995 | 0.995 | 1 | 1 | 1 | 1 |
| 13 | 0.981 | 1 | 0.971 | 0.975 | 0.983 | 0.962 | 1 |
| 14 | 1 | 0.998 | 1 | 1 | 1 | 1 | 1 |
| 15 | 1 | 1 | 1 | 1 | 1 | 1 | 1 |
| 16 | 1 | 0.999 | 1 | 0.999 | 1 | 0.996 | 1 |
| 17 | 0.997 | 0.997 | 0.996 | 0.997 | 0.996 | 1 | 0.998 |
| 18 | 0.995 | 0.997 | 0.998 | 1 | 1 | 0.999 | 1 |
| 19 | 1 | 1 | 1 | 0.988 | 0.986 | 0.985 | 0.982 |
| 20 | 1 | 1 | 1 | 1 | 1 | 1 | 1 |
| 21 | 0.982 | 0.987 | 0.994 | 0.983 | 0.979 | 0.973 | 1 |
| 22 | 0.840 | 0.770 | 0.809 | 0.815 | 0.833 | 0.842 | 0.791 |
| 23 | 0.991 | 1 | 1 | 1 | 0.995 | 1 | 0.996 |
| 24 | 0.996 | 0.994 | 1 | 1 | 1 | 1 | 1 |
| 25 | 0.977 | 0.989 | 0.979 | 0.986 | 0.984 | 1 | 1 |
| 26 | 0.986 | 0.985 | 0.986 | 0.984 | 0.989 | 0.988 | 0.988 |
| 27 | 0.990 | 0.992 | 0.997 | 0.995 | 1 | 1 | 1 |
| 28 | 0.953 | 0.951 | 0.958 | 0.948 | 0.946 | 0.955 | 0.940 |
| 29 | 0.997 | 0.989 | 0.999 | 1 | 0.984 | 0.980 | 0.977 |
| 30 | 0.993 | 0.992 | 0.994 | 0.992 | 0.989 | 0.991 | 0.989 |
| 均值 | 0.987 | 0.986 | 0.986 | 0.985 | 0.985 | 0.985 | 0.985 |

表 4 – 33 是西部地区高新技术企业 2007—2013 年融资规模效率。从均值看，2007—2013 年中部地区高新技术企业融资规模效率呈现增长趋势，由 2007 年的 0.750 上升到 2013 年的 0.948；具体表现为由增到减，然后再由减到增的趋势，2007 年为 0.750，增加到 2008 年的 0.979，然后减少到 2010 年的 0.839，随后开始增加，到 2013 年为 0.948。从最优规模的决策数量来看，2007 年达到最优规模效率的决策数量为 1 个单元，2008 年为 5 个单元，2009 年为 3 个单元，2010 年为 3 个单元，2011 年为 2 个单元，2012 年为 8 个单元，2013 年为 9 个单元，可以看出，西部地区高新技术企业最优规模的决策单元呈增加趋势。

表 4 – 33　　西部地区高新技术企业 2007—2013 年融资规模效率

| 年份 | 2007 | 2008 | 2009 | 2010 | 2011 | 2012 | 2013 |
|------|-------|-------|-------|-------|-------|-------|-------|
| 1 | 0.75 | 0.953 | 0.88 | 0.815 | 0.805 | 0.902 | 0.932 |
| 2 | 0.861 | 1 | 0.912 | 0.914 | 0.897 | 0.879 | 1 |
| 3 | 0.719 | 0.936 | 0.853 | 0.578 | 0.949 | 0.814 | 0.972 |
| 4 | 0.666 | 1 | 1 | 1 | 0.977 | 1 | 1 |
| 5 | 0.64 | 0.95 | 0.824 | 0.742 | 0.776 | 0.853 | 0.868 |
| 6 | 0.884 | 0.967 | 0.785 | 0.862 | 0.95 | 0.954 | 0.913 |
| 7 | 0.811 | 1 | 0.983 | 0.902 | 0.99 | 1 | 1 |
| 8 | 0.733 | 0.964 | 0.891 | 0.78 | 0.907 | 0.881 | 0.974 |
| 9 | 0.652 | 0.974 | 0.842 | 0.719 | 0.736 | 0.829 | 0.85 |
| 10 | 0.665 | 0.974 | 0.893 | 0.901 | 0.88 | 0.819 | 0.954 |
| 11 | 0.779 | 1 | 0.962 | 0.859 | 1 | 1 | 1 |
| 12 | 0.737 | 0.991 | 0.823 | 0.76 | 0.996 | 1 | 1 |
| 13 | 0.644 | 0.991 | 0.481 | 0.64 | 0.588 | 0.401 | 0.955 |
| 14 | 0.791 | 0.999 | 1 | 0.921 | 1 | 1 | 1 |
| 15 | 0.751 | 0.957 | 0.794 | 0.843 | 0.912 | 0.937 | 0.983 |
| 16 | 0.854 | 0.966 | 0.809 | 0.883 | 0.937 | 0.812 | 0.878 |
| 17 | 0.643 | 0.951 | 0.843 | 0.823 | 0.782 | 0.962 | 0.897 |
| 18 | 0.616 | 0.956 | 0.874 | 1 | 0.878 | 0.861 | 0.89 |
| 19 | 1 | 1 | 0.91 | 0.819 | 0.82 | 0.89 | 0.877 |
| 20 | 0.653 | 0.982 | 0.809 | 0.957 | 0.92 | 1 | 0.948 |

续表

| 年份 | 2007 | 2008 | 2009 | 2010 | 2011 | 2012 | 2013 |
|------|------|------|------|------|------|------|------|
| 21 | 0.8 | 0.973 | 0.898 | 0.831 | 0.908 | 0.929 | 1 |
| 22 | 0.793 | 0.993 | 0.926 | 0.806 | 0.975 | 0.935 | 0.954 |
| 23 | 0.78 | 0.989 | 1 | 0.973 | 0.973 | 1 | 0.996 |
| 24 | 0.697 | 0.987 | 0.939 | 0.84 | 0.868 | 0.942 | 0.938 |
| 25 | 0.914 | 1 | 0.954 | 0.917 | 0.948 | 1 | 1 |
| 26 | 0.719 | 0.975 | 0.872 | 0.751 | 0.834 | 0.84 | 0.852 |
| 27 | 0.698 | 0.963 | 0.911 | 0.844 | 0.959 | 0.989 | 1 |
| 28 | 0.761 | 0.995 | 0.929 | 0.696 | 0.885 | 0.833 | 0.919 |
| 29 | 0.734 | 0.988 | 0.98 | 1 | 0.885 | 0.92 | 0.944 |
| 30 | 0.746 | 0.985 | 0.934 | 0.787 | 0.876 | 0.907 | 0.942 |
| 均值 | 0.750 | 0.979 | 0.884 | 0.839 | 0.894 | 0.903 | 0.948 |

表 4 - 34 列示了西部地区高新技术企业 2007—2013 年融资最优决策数量。从 2007—2013 年的合计来看，最优纯技术决策数量最高，为 83 个单元，占比为 39.52%，而最优综合技术决策数量为 31 个单元，说明在目前技术水平上，其投入资源的使用是有效率的，未能达到综合有效的根本原因在于其规模无效。

**表 4 - 34　西部地区高新技术企业 2007—2013 年融资最优决策数量**

| 年份 | 2007 | 2008 | 2009 | 2010 | 2011 | 2012 | 2013 | 合计 |
|------|------|------|------|------|------|------|------|------|
| 综合技术有效 | 1 | 5 | 3 | 3 | 2 | 8 | 9 | 31 |
| 占比（%） | 3.33 | 16.67 | 10 | 10 | 6.67 | 26.67 | 30 | 14.76 |
| 纯技术有效 | 10 | 10 | 12 | 12 | 11 | 12 | 16 | 83 |
| 占比（%） | 33.33 | 33.33 | 40 | 40 | 36.67 | 40 | 53.33 | 39.52 |
| 规模有效 | 1 | 5 | 3 | 3 | 2 | 8 | 9 | 31 |
| 占比（%） | 3.33 | 16.67 | 10 | 10 | 6.67 | 26.67 | 30 | 14.76 |

（四）中东西部高新技术企业融资效率比较

图 4 - 1 是 2007—2013 年各地区高新技术企业最优综合技术决策数量比较。从图中可以看出，2012 年以前，中部地区高新技术企业最优综合技术决策单元数量最多，东部地区次之，西部地区最少，2012

年之后，西部地区最优综合技术决策单元数量跃居第一，东部地区次之，中部地区最少。从图中也可以看出，东部地区高新技术企业最优规模决策数量变化较为平坦，西部地区起伏较大。

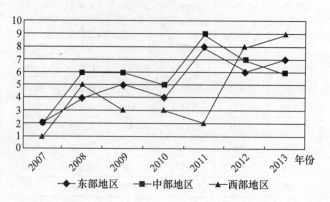

**图4－1　2007—2013年各地区高新技术企业最优综合技术决策数量的比较**

图4－2是2007—2013年各地区高新技术企业最优纯技术决策数量比较。从图中可以看出，在2009年以前，各地区高新技术企业最优纯技术决策单元数量大致相当，到2010年，中部地区高新技术企业最优纯技术决策单元数量下降到最低，在2012年之前，东部地区高新技术企业最优纯技术决策单元数量最多，西部地区次之，中部地区最少，2012年之后，西部地区最优综合技术决策单元数量跃居第一，中部地区次之，东部地区最少。

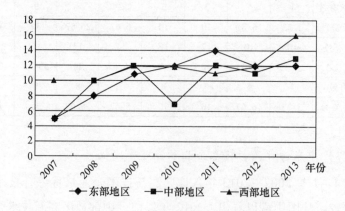

**图4－2　2007—2013年各地区高新技术企业最优纯技术决策数量比较**

　　图 4 - 3 是 2007—2013 年各地区高新技术企业最优规模决策数量的比较，从图中可以看出，2012 年以前，中部地区高新技术企业最优规模决策单元数量最多，东部地区次之，西部地区最少，2012 年之后，西部地区最优规模决策单元数量跃居第一，东部地区次之，中部地区最少。从图中也可以看出，东部地区高新技术企业最优规模决策数量变化较为平坦，西部地区起伏较大。

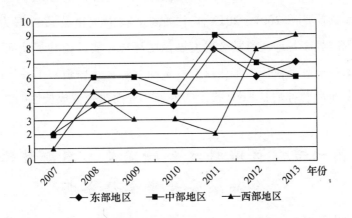

**图 4 - 3　2007—2013 年各地区高新技术企业最优规模决策数量比较**

## 四　结论

　　从 2007—2013 年全国高新技术企业融资效率看，综合技术效率和规模效率处于增长趋势，而纯技术效率维持在一定水平；从综合技术效率来看，东部地区起点较高，而在后续增长不足，中部地区起点次之，随后的年份增长较大，而且在 2007—2013 年综合技术效率均值最高；从纯技术效率看，东部地区不管是从起点也好，还是后续的增长，都不如中部地区和西部地区；从规模效率来看，东部地区起点较高，而在后续也有所增长，并且在 2007—2013 年规模效率均值最高，西部地区起点次之，随后年份增长较大。

# 第五章 实证研究

本章首先以 2007—2013 年中国高新技术上市公司数据为样本，结合中国当今各地区科技金融发展制度环境，实证检验了地区科技金融发展水平对高新技术企业融资效率的影响；然后检验了各地区科技金融发展水平对企业 R&D 投入的差异，进而对企业成长性的影响。

## 第一节　区域科技金融发展与高新技术企业融资效率实证分析

本节结合中国现有的外部治理环境，检验了区域科技金融发展水平对高新技术企业融资效率的影响。结果发现：地区科技金融的发展能够使高新技术企业以低成本融资，并且会将融通的资金有效地用于科技创新，从而提高资金的使用效率，促进高新技术企业的发展。减少政府对企业融资的干预程度，可以在一定程度上实现金融资源的有效配置。

### 一　引言

实施创新驱动发展，建设国家创新体系，进入创新型国家行列，这是当前我国经济社会发展目标。因此，作为经济发展微观主体的高新技术企业，对我国实施科技创新战略具有极其重要的作用。科技创新是高新技术企业发展的核心要素，而科技创新也需要资金，因此，科技创新与金融发展之间存在相互耦合的关系，一方面，金融发展为科技创新提供资金，加大科技创新的投入，从而促进科技创新的提高；另一方面，科技创新的提高带来了经济效益，积累了资金，在一定程度上又促进了金融的发展。从两者之间的耦合关系来讲，一个地区的金融市场只有和该地区的科技创新相互联合，才会带动地区经济的发展。统计显示，截至 2014 年 7 月，由企业发明的专利占全国职务专利的 76.11%，而以科技创新为主要使命的高新技术企业更是地区科技创新的主力军，因此，对于高新技术企业而言，一个地区科技金融发展得越好，那么该地区高新技术企业在科技创新融资时就会以低成本融到资金，企业也会将融通的资金有效地用于科技创新，从而提高资金的使用效率，即融资效率。

在现有研究中，关于科技金融的研究，一般只涉及科技金融的运作模式、结合机制、服务平台的构建等，在实证研究方面，主要研究了科技金融发展对区域经济和技术创新的影响。而对企业融资效率的研究中，有关于企业融资效率的测度（魏开文，2001；王新红，2007；赵守国等，2011；武娟，2012），还有一些关于企业融资效率的影响因素研究，包括公司治理（陈敏，2006）、企业特征（黄辉，2009）、融资方式（董黎明，2008；佟孟华和刘迎春，2012）对企业融资效率的影响，有些学者提出一个比较好的金融制度可以缓解投资的约束问题，能够使市场轻易地找到好的投资项目，并快速地提供项目所需资金，而较少研究宏观因素对企业融资效率。Rajan 和 Zinggales（1998）的研究发现，一个地区金融化程度越高，该地区企业融资渠道越多，从而促进了该地区企业的发展（Demirguc - Kunt Maksimovic，1998；Claessens and Laeven，2003）。虽然沈友华（2009）检验了 GDP 和 CPI 两个宏观经济因素对企业融资效率的影响因素，但仍未考虑一个地区的金融发展水平对该地区企业融资效率的影响。目前，在我国实施科技创新战略背景下，各地区科技金融发展水平不一，研究科技金融的发展对高新技术企业融资的影响显得尤为重要。

**二 制度背景与假设提出**

（一）制度背景

《国家"十二五"科学和技术发展规划》和《国家中长期科学和

技术发展规划纲要（2006—2020 年）》指出，科技创新只有进行成果转化，实现产业化才能转变我国的经济发展方式，并有效地引领经济发展。而科技金融的创新和发展能够有效地促进科技的研发，并将研发的成果进行投产和产业化。因此，在原有的金融体系内，要进行一系列的金融工具创新、金融制度创新、金融政策创新以及金融服务创新，从而形成科技金融体系。各个地区在全国科技创新的大背景下，开始了科技金融创新的探索，然而，在我国经济转型期，由于我国各地区经济发展的不平衡，各地区金融投入和科技产出并不均衡，地区之间科技金融发展差距正在逐步加大，呈现出东部地区科技金融发展水平高于西部地区的现象（曹颢等，2010）。普遍存在财政对科技金融支持不足、科技金融创新服务不足等一系列问题。

为了更好地促进科技与金融的结合，为国家科技创新提供资金支持，2010 年，科技部发布了《促进科技和金融结合试点实施方案》，并在次年 10 月，科学技术部发布 2011 年第 539 号文（《关于确定首批开展促进科技和金融结合试点地区的通知》），确定首批进行科技与金融结合的 16 个地区，经过 2 年的试点，16 个地区根据自身的特点创新科技金融模式，这些地区的科技金融环境有了较大的改善。统计显示，2013 年全国 16 个试点地区共出台 342 项科技金融政策，上海、浙江等 11 个地区设立的科技金融专项资金总金额达 32 亿元。鉴于此，2014 年 1 月，科技部联合其他部委发布了《关于大力推进体制机制创新扎实做好科技金融服务的意见》，要继续推进科技和金融融合的试点工作。

（二）理论分析与假设提出

科技金融发展可以从以下几个途径影响高新技术企业融资效率：

一是科技金融发展可以为高新技术企业提供更多的融资渠道和低成本资金。科技金融是金融机构为了促进高新技术产业发展而运用的一系列金融工具、金融制度、金融政策与金融服务的系统性、创新性安排（赵昌文等，2009）；各地区为了发展科技金融采取了各式各样的方法，包括提高财政对科技金融支持、商业银行金融业务创新、科技型企业股权设计、创业投资引导基金等各种股权融资和债权融资方式，这些方式的创新为高新技术企业融资提供了更多渠道；与此同时，各地区也在为高新技术企业创造科技金融服务平台，这些平台不仅可以为投资机构和金融机构提供优质和有发展潜力的高新技术企业和项目，还能根据高新技术企业的需求，为它们提供金融创新产品，因此，科技金融的发展能够为高新技术企业节省融资成本。

二是科技金融发展能够促使高新技术企业更有效地使用筹集的资金。科技金融与一般金融不同，它是专门为高新技术产业发展而设计的金融工具、金融制度、金融政策与金融服务，其发展能有效地促进金融参与科技创新，使高新技术企业与金融机构更加有效地融合。通过一系列科技金融平台的搭建，能够根据高新技术企业种子期、成长期、成熟期等不同阶段的特点，提供有针对性的融资模式，化解高新技术企业的资金"瓶颈"，提高资金的使用效率。

基于以上分析，我们预期，一个地区科技金融的发展水平会影响该地区高新技术企业的融资效率，科技金融发展越好的地区，该地区高新技术企业就能够以更多的融资渠道、更低的融资成本融到资金，并将会有效地使用融到的资金。因此，我们提出假设1：

假设1：地区科技金融发展水平与高新技术企业融资效率呈现正相关关系。

从融资成本来看，企业扩大规模或研发投入时更倾向于内源融资，而规模较小的企业以及成立时间较短的企业会存在自身积累的不足，因此，会更加依赖外源融资，在科技金融发展较好的地区，该地区规模小、成立时间短的高新技术企业由于自身的资金有限，而又需要发展壮大，它会积极利用科技金融的融资渠道和融资工具，将有限的资金充分利用。因此，提出假设2：

假设2：对于规模小、成立时间较短的高新技术企业，地区科技金融发展水平更能影响其融资效率。

目前中国的金融体系还是由政府主导的金融体系（谢维敏和方红星，2011），该金融体系会导致金融资本从有效率的生产部门转移到无效率的生产部门，而且从樊纲等的中国市场化指数可以看出，各个地区政府对企业的干预指数很不均衡，因此，在中国转型加新兴的治理环境下，由于政府的干预，会减弱地区科技金融对高新技术企业融资的影响，在政府干预较强的地区，资源不会完全按照市场来配置，而在政府干预较弱的地区，科技金融越发展，金融资本会更多更快地流向高新技术企业，从而节省了高新技术企业的融资成本，也提高了高新技术企业资金使用效率，鉴于此，本节提出假设3：

假设3：政府干预程度会显著减弱科技金融发展水平对高新技术企业融资效率的影响。

### 三 研究设计

#### （一）样本选择

本节以2007年深市和沪市上市的所有A股公司为基础，根据《国家重点支持的高新技术领域》中的规定，我们选取电子行业、医药、生物制品、航空运输业以及信息技术业等行业的公司作为样本，在剔除了ST、PT公司以及数据缺失的样本后，得到257家高新技术上市公司，2007—2013年共1799个观测值。

#### （二）数据来源

本节所使用的融资效率数据来自《中国科技统计年鉴》、《中国主要科技指标数据库》和《中国高技术产业统计年鉴》，政府干预指数来自樊纲、王小鲁和朱恒鹏编写的《中国市场化指数：各地区市场化相对进程报告》（2006—2011年）中减少政府对企业的干预指数，财务数据来源于瑞思数据库。

#### （三）模型设计与变量定义

1. 模型设计

为了检验地区科技金融发展水平对高新技术企业融资效率关系的影响，构建模型如下：

$$
\begin{aligned}
TE_i &= \alpha_0 + \alpha_1 IndexTF + \alpha_2 IndexTF \times SIZE + \alpha_3 IndexTF \times AGE + \alpha_4 CF_i \\
&+ \alpha_5 Q_i + \alpha_6 SIZE_i + \alpha_7 LEV_i + \alpha_8 QUALITY_i + \alpha_9 TOP1_i \\
&+ \alpha_{10} AGE_i + \alpha_{11} GDPZ_i + \alpha_{12} YEAR + \alpha_{13} INDU + \varepsilon_i
\end{aligned} \tag{5-1}
$$

为检验政府干预对地区科技金融发展水平和高新技术企业融资效率关系的影响，构建模型如下：

$$TE_i = \alpha_0 + \alpha_1 IndexTF + \alpha_2 GOV + \alpha_3 GOV \times IndexTF + \alpha_4 CF_i + \alpha_5 Q_i$$
$$+ \alpha_6 SIZE_i + \alpha_7 LEV_i + \alpha_8 QUALITY_i + \alpha_9 TOP1_i + \alpha_{10} AGE_i$$
$$+ \alpha_{11} GDPZ_i + \alpha_{12} YEAR + \alpha_{13} INDU + \varepsilon_i \qquad (5-2)$$

2. 变量定义

（1）因变量。TE 为高新技术企业融资效率，该变量的衡量方法为：通过选取投入指标流动比率、资产负债率、资产与营业成本，产出指标净资产收益率、净利润、营业收入增长率和总资产周转率，运用 DEA 方法，测算出高新技术企业的综合技术效率、纯技术效率和规模效率。综合技术效率代表了企业运用所融资以及投入的资金的产出效率，因此，本书运用综合技术效率来衡量企业融资效率。

（2）自变量。IndexTF 表示各地区科技金融发展水平。该变量的衡量方法为：根据曹颢等（2011）关于地区科技金融的测量办法，运用算数平均法确定权重，科技金融发展水平由四部分组成，一是科技金融资源水平，二是科技金融经费水平，三是科技金融产出水平，四是科技金融贷款水平。而科技金融资源水平又选择了科技人力资源和研发机构资源两个指标来衡量；科技金融经费水平选择了财政拨款力度、研发经费水平、科技经费水平来衡量；科技金融产出水平用技术市场成交率、论文产出率、专利产出率以及出口产出率来衡量；科技金融贷款水平用科技贷款力度衡量。GOV 为政府干预指数，用樊纲、王小鲁和朱恒鹏编写的《中国市场化指数：各地区市场化相对进程报告》（2006—2011 年）中减少政府对企业的干预指数来衡量。

（3）控制变量。根据解维敏和方红星（2011）以及沈友华（2009）的研究，本书选择了以下控制变量，CF 为企业现金流量，用企业经营活动净流量除以总资产来表示；Q 表示企业的投资机会，用企业的市场价值除以总资产表示；SIZE 是企业规模，用总资产的自然对数表示；LEV 表示企业的融资方式，用负责除以总资产表示；QUALITY 表示企业的质量，用流动负债除以负债表示；TOP1 是第一大股东持股比例，AGE 是公司的上市年限；GDPZ 是地区 GDP 的增长率；YEAR 和 INDU 是年度和行业控制变量。

## 四　实证结果与分析

### （一）变量的描述性统计

表 5-1 是变量的描述性统计，高新技术企业融资效率（TE）整体水平较高，均值达到 0.9021，从中值来看，50% 以上的企业的融资效率超过 0.92，但差距较大，最大值为 1，而最小值为 0.476；地区科技金融发展水平（IndexTF）整体较低，均值为 47.1784，从中值来看，50% 以上的地区科技金融发展水平只达到 43.8894，地区间科技金融发展水平极不均衡，最小值为 10.8658，最大值为 109.0884；地区间政府干预（GOV）程度呈现较大差异，最小值为 -2.17，最大值为 12.67；从第一大股东的持股比例（TOP1）来看，均值为 34.83%，而且 50% 以上的高新技术企业第一大股东持股比例为 33.72%，最小值为 3.88%，而最大值为 83.83%，差异较大；企业上市的最长时间为 24 年，最小为 6 年，大部分企业上市年限为 15 年；地区 GDP 的增长率平均为 15.38%，地区 GDP 增长率最高为 183.17%，最低为 0.59%，地区之间相差较大。

表 5-1　　　　　　　　　变量的描述性统计

|  | 样本 | 均值 | 中值 | 最小值 | 最大值 | 标准差 |
|---|---|---|---|---|---|---|
| TE | 1799 | 0.9021 | 0.92 | 0.476 | 1 | 0.0812 |
| IndexTF | 1799 | 47.1784 | 43.8894 | 10.8658 | 109.0884 | 23.4457 |
| GOV | 1799 | 8.3418 | 7.8 | -2.17 | 12.67 | 3.4554 |
| CF | 1799 | 0.0532 | 0.0485 | -0.4008 | 0.4711 | 0.0777 |
| SIZE | 1799 | 21.7396 | 21.6261 | 18.6655 | 26.9987 | 1.2765 |
| Q | 1799 | 2.2837 | 1.7218 | 0 | 15.5465 | 1.9613 |
| LEV | 1799 | 44.0395 | 43.9109 | 2.1593 | 115.1196 | 18.9653 |
| QUALITY | 1794 | 0.8596 | 0.8456 | 0.1457 | 1.2714 | 0.1651 |
| TOP1 | 1799 | 0.3483 | 0.3372 | 0.0388 | 0.8383 | 0.1463 |
| AGE | 1799 | 14.2619 | 15 | 6 | 24 | 4.4262 |
| GDPZ | 1799 | 0.1538 | 0.15151 | 0.0059 | 1.8317 | 0.1115 |

按照地区科技金融发展水平高低将样本分为两组，高新技术企业融资效率组别差异在表 5 - 2 中，从表中可以看出，科技金融发展水平较高地区的高新技术企业融资效率均值为 0.9075，其显著高于科技金融发展水平较低的地区，中值为 0.926，显著高于科技金融发展水平较低地区的企业融资效率，在一定程度上说明地区科技金融发展水平对高新技术企业融资效率有积极影响。

表 5 - 2　　　　　　　　企业融资效率的组别比较

| 指标 | 科技金融发展水平 | 均值 | T 值 | 中值 | Z 值 |
|------|------------------|------|------|------|------|
| TE | 高 | 0.9075 | 2.8909 ** | 0.926 | 3.415 *** |
| | 低 | 0.8965 | | 0.915 | |

注：** 表示在 5% 的重要性水平上显著，*** 表示在 1% 的重要性水平上显著。按照科技金融发展水平的中位数进行分组，大于中位数的为高科技金融发展水平组，小于中位数的为低科技金融发展水平组。

表 5 - 3 是变量之间的相关系数，不管是左下边的 Pearson 相关系数，还是右上边的 Spearman 相关系数，地区科技金融发展水平（IndexTF）都与企业融资效率（TE）呈显著正相关关系，政府干预指数（GOV）与企业融资效率（TE）也呈显著正相关关系，说明地区科技金融发展水平越高，则政府减少对市场的干预，该地区高新技术企业融资效率越高；企业现金流量（CF）、规模大小（SIZE）都与企业融资效率（TE）呈显著正相关关系；企业投资机会（Q）、企业融资方式（LEV）、地区 GDP 增长率（GDPZ）与企业融资效率（TE）呈显著负相关关系。除此之外，各变量之间的相关系数虽有显著，但都不超过 0.6，因此，各解释变量之间可忽略多重共线性。

（二）　区域科技金融发展水平与企业融资效率的回归结果

区域科技金融发展水平对高新技术企业融资效率的影响结果在表 5 - 4 中，第 1 列是不考虑区域科技金融发展水平的回归结果，企业现金流量与融资效率显著正相关，说明企业现金流量是影响融资效率的一个重要因素，企业规模和企业的质量与融资效率显著正相关，说明

表5-3

变量之间相关系数

| 变量 | TE | IndexTF | GOV | CF | SIZE | Q | LEV | QUALITY | TOP1 | AGE | GDPZ |
|---|---|---|---|---|---|---|---|---|---|---|---|
| TE | 1 | 0.0671** | 0.1196** | 0.1647** | 0.0572* | -0.1699** | -0.0898** | 0.0615** | -0.0053 | -0.0279 | -0.2085** |
| IndexTF | 0.0569* | 1 | 0.6293** | 0.0158 | 0.0963** | 0.0082 | -0.0184 | -0.0541* | 0.1947** | -0.0629** | -0.3456** |
| GOV | 0.1103** | 0.4929** | 1 | 0.0264 | 0.0303 | 0.0141 | -0.0419 | -0.0354 | 0.0642** | -0.0815** | -0.2319** |
| CF | 0.1281** | 0.0079 | 0.0451 | 1 | 0.0487* | 0.1623* | -0.1554** | -0.0727** | 0.0137 | -0.0901** | -0.0474* |
| SIZE | 0.0722** | 0.1352** | 0.0156 | 0.0639** | 1 | -0.5459** | 0.3339** | -0.3105** | 0.2018** | 0.2598** | -0.1305** |
| Q | -0.1258* | 0.0419 | -0.0294 | 0.1903** | -0.4644** | 1 | -0.4398** | 0.1883** | -0.0587* | -0.1882** | 0.0829** |
| LEV | -0.1117** | -0.0228 | -0.0457 | -0.1647** | 0.3668** | -0.5188 | 1 | -0.0863** | 0.0601 | 0.2272** | 0.0212 |
| QUALITY | 0.0438 | -0.1014* | -0.0229 | -0.0177 | -0.3065** | 0.1498** | -0.0853** | 1 | -0.0409 | 0.0625 | 0.1183** |
| TOP1 | 0.0027 | 0.1885** | 0.0741** | 0.0018 | 0.2125** | -0.0749** | 0.0705** | 0.0014 | 1 | -0.0031 | -0.0334 |
| AGE | -0.0503 | -0.0502* | -0.0936** | -0.0636** | 0.2015** | -0.1637** | 0.2336** | 0.0849 | -0.0009 | 1 | 0.0081 |
| GDPZ | -0.1095** | -0.1278** | -0.3672** | -0.0234 | -0.0507* | 0.0171** | 0.0434 | 0.0515 | -0.0156 | 0.0292* | 1 |

资料来源：**表示在1%的重要性水平上显著，*表示在5%的重要性水平上显著。表的左下方是变量之间的Pearson相关系数，表的右下方是变量之间的Spearman相关系数。

企业规模越大，越能便利和低成本融资，并能有效地使用融到的资金，质量越好的企业越倾向于短期融资，其融资效率度比较高；企业的投资机会、企业的融资方式、地区 GDP 的增长率与企业融资效率显著负相关，说明企业的投资机会越大，其市场价值远远超过了它的账面价值，企业依靠股票市场已经融入了过多的资金，在资金量过分充裕的情况下，其利用资金效率将会下降；企业的融资方式说明越是依赖债务融资的企业，它会产生过度的负债经营，会对企业的融资效率产生负面影响；地区 GDP 的增长表示社会财富的创造力增强，社会财富的积累使得资金的需求变得不是那么迫切，在这种情况下，企业不会有效地使用资金。

表 5 - 4 第 2 列是加入区域科技金融发展水平后的回归结果，从表中可以看出，区域科技金融发展水平与高新技术企业融资效率显著正相关，说明科技金融发展好的地区，能专门为高新技术产业发展而设计金融工具、金融制度、金融政策与金融服务，这些设计能有效地促进金融参与科技创新，针对高新技术企业提供专有的融资模式，化解高新技术企业的资金"瓶颈"，从而提高这些资金的使用效率，假设 1 得到了证实。其他控制变量的回归结果与第 1 列相同。

表 5 - 4 模型（1）回归结果

| 变量 | 1 | 2 | 3 | 4 |
|---|---|---|---|---|
| Constant | 0.8515 *** | 0.8534 *** | 0.7649 *** | 0.8176 *** |
| IndexTF | | 0.0002 ** | 0.0018 * | 0.0011 *** |
| IndexTF × SIZE | | | − 0.0001 | |
| IndexTF × AGE | | | | − 0.0001 *** |
| CF | 0.1379 *** | 0.1401 *** | 0.1398 *** | 0.1354 *** |
| SIZE | 0.0041 ** | 0.0035 * | 0.0076 ** | 0.003 * |
| LEV | − 0.0008 *** | − 0.0008 *** | − 0.0008 *** | − 0.0008 *** |
| Q | − 0.0093 *** | − 0.0096 *** | − 0.0096 *** | − 0.01 *** |
| AGE | − 0.0009 ** | − 0.0009 ** | − 0.0009 ** | 0.0022 ** |
| QUALITY | 0.0447 *** | 0.0463 *** | 0.0452 *** | 0.0475 *** |
| TOP1 | − 0.0068 | − 0.0117 | − 0.0119 | − 0.0064 |

续表

| 变量 | 1 | 2 | 3 | 4 |
|---|---|---|---|---|
| GDPZ | −0.0688*** | −0.0643*** | −0.0637*** | −0.0642*** |
| YEAR | 控制 | 控制 | 控制 | 控制 |
| INDU | 控制 | 控制 | 控制 | 控制 |
| $R^2$ | 0.0874 | 0.0901 | 0.0909 | 0.095 |
| F | 21.3810 | 19.6232 | 17.8283 | 18.7242 |

注：***表示在1%的重要性水平上显著，**表示在5%的重要性水平上显著，*表示在10%的重要性水平上显著。

表5－4第3列是加入了区域科技金融发展水平与企业规模交互项的回归结果，可以看出，交互项的系数为负，但不显著，这说明规模小的高新技术企业，区域科技金融发展水平更可能影响其融资效率，但影响效果不显著；表5－4第4列是加入了区域科技金融发展水平与上市年限交互项的回归结果，回归系数显著为负，说明区域科技金融发展水平能显著影响上市年限短的高新技术企业的融资效率，说明区域科技金融发展对上市年限较短的高新技术企业更加有用。假设2得到部分证实。

（三）区域科技金融与企业融资效率：政府干预的作用

目前中国金融体系是由政府主导的金融体系（谢维敏和方红星，2011），该金融体系会导致金融资本从有效率的生产部门转移到无效率的生产部门，而且从樊纲等的中国市场化指数可以看出，各个地区政府对企业的干预指数很不均衡，因此，在表5－5的回归模型中加入了政府干预指数与区域科技金融发展水平的交互项，来考察政府干预对区域科技金融发展水平影响企业融资效率的程度。表5－5的第1列是所有控制变量的回归结果，与表5－4第1列相同；在第2列中，政府干预指数（GOV）与高新技术企业融资效率回归系数显著为正，这说明越是减少政府对企业干预的地区，该地区的高新技术企业融资效率越高；在表5－5第3列回归结果中，政府干预指数与区域科技金融发展水平的交互项系数显著为正，说明在减少政府对企业干预水平越高的地区，该地区科技金融发展水平显著提高了高新技术企业的融资效率，假设 3 得到证实。这也与谢维敏和方红星（2011）的结论一致。

表 5-5　　　　　　　　　　模型（2）的回归结果

| 变量 | 1 | 2 | 3 |
|---|---|---|---|
| Constant | 0.8534 *** | 0.8373 *** | 0.8333 *** |
| IndexTF | 0.0002 ** | 0.0001 * | − 0.0002 * |
| GOV | | 0.0018 *** | − 0.0024 * |
| IndexTF × GOV | | | 0.0001 ** |
| CF | 0.1401 *** | 0.1379 *** | 0.1382 *** |
| SIZE | 0.0035 * | 0.0037 ** | 0.0037 ** |
| LEV | − 0.0008 *** | − 0.0008 *** | − 0.0008 *** |
| Q | − 0.0096 *** | − 0.0094 *** | − 0.0094 *** |
| AGE | − 0.0009 ** | − 0.0008 * | − 0.0008 * |
| QUALITY | 0.0463 *** | 0.0456 *** | 0.0456 *** |
| TOP1 | − 0.0117 | − 0.0107 | − 0.0103 |
| GDPZ | − 0.0643 *** | − 0.0549 *** | − 0.0565 *** |
| YEAR | 控制 | 控制 | 控制 |
| INDU | 控制 | 控制 | 控制 |
| $R^2$ | 0.0901 | 0.0942 | 0.0943 |
| F | 19.6232 | 18.5502 | 16.8697 |

注：*** 表示在 1% 的重要性水平上显著，** 表示在 5% 的重要性水平上显著，* 表示在 10% 的重要性水平上显著。

**五　结论**

本节以中国高新技术上市公司 2007—2013 年数据为样本，结合中国当今各地区科技金融发展制度环境，实证检验了区域科技金融发展水平对高新技术企业融资效率的影响。研究发现，随着我国科技金融融合的进程化推进，地区科技金融的发展有利于高新技术企业融资效率的提高，而且在上市年限较短的高新技术企业中，这种积极作用更为明显。另外，在进一步加入政府干预指数后，发现政府干预会阻碍地区科技金融发展水平对高新技术企业融资效率的积极作用。

本书的研究启示是：科技创新是高新技术企业发展的核心要素，地区科技金融的发展能够使高新技术企业以低成本融资，并且会将融通的资金有效地用于科技创新，从而提高资金的使用效率，促进高新技术企业的发展。因此，政府应该减少对企业融资干预程度，大力发展科技金融，为高新技术企业融资创造有利条件，实现金融资源的有效配置。

## 第二节  区域科技金融发展、R&D 投入与高新技术企业成长性研究

### 一  引言

大量研究和实践表明，创新是经济增长的源泉，科技创新是提高我国社会生产力和综合国力的战略支撑。培育和发展高新技术产业是转变我国经济发展方式的重大战略选择，目前我国高新技术产业的发展面临着企业技术创新能力不强、资金投入严重不足等问题，因此，亟须科技、金融的创新及融合，尤其需要科技创新链条与金融市场链条的融合创新。科技金融是促进科技开发、成果转化和高新技术产业发展的一系列金融工具、金融制度、金融政策与金融服务的系统性、创新性安排，科技金融的发展为科学与技术创新活动提供了融资来源。因此，各地区科技金融发展差异将直接影响该地区科技金融的投入水平，乃至影响到该地区企业的 R&D 投入，进而对该企业的成长性产生影响。

综观国内外研究，大部分研究侧重在区域金融发展、R&D 投入及企业成长性方面，即使是关于科技金融发展研究，也较多涉及科技金融发展的背景、历程及模式方面，而较少涉及区域科技金融发展水平对 R&D 投入及企业成长性的影响研究。由前述可知，地区金融发展

只有和科技创新相融合，才能促进企业的科研投入及其发展。那么，我国各地区科技金融发展水平具有较大的差异性，这是否会影响到R&D 投入的效率，进而影响到企业的成长性呢？这些都是值得进一步探讨的问题。

本节以深沪两市 2008—2011 年 A 股高新技术上市公司的 2278 家企业为样本，首先采用全样本分析科技金融发展对 R&D 投入及企业成长性的影响，然后对比分析不同地区科技金融发展对 R&D 投入及企业成长性的影响差异，结果发现：公司 R&D 投入比重越大，公司的成长会越快，即高 R&D 投入的公司会发展更快，这种作用在科技金融发展水平较高的地区更加明显。

本节不仅为我国科技金融发展水平如何影响 R&D 投入的效率提供经验证据，而且还为政策制定者如何将科技与金融相融合提供重要理论依据。

## 二　文献回顾及假设提出

### （一）文献回顾

从微观公司角度研究金融发展对企业融资及成长性影响的学者较多，Rajan 和 Zingales（1998）以及 Claessens 和 Laeven（2003）对跨国数据进行检验后发现，金融发展可以降低企业的外部融资成本，进而促进企业更好地成长。Demirguc - Kunt 和 Maksimovic（1998）认为，金融发展水平越高的国家，企业获得外部资金变得更加容易，企业也会更多地利用外部资金来支持企业的成长。贝克等（Beck et al.，2005）考察了金融发展对企业规模扩张的影响后发现，发达的金融发展水平在为企业扩张规模提供充足资金的同时，还能对企业资源的使用进行有效的监督，从而更好地促进企业规模扩张。周业安（1999）研究发现，中国政府的金融抑制政策会限制企业的融资能力，增加企业的融资约束，限制非国有经济的发展。李斌和江伟（2006）研究了我国各地区金融发展对上市公司融资约束进而对公司成长的影响，研究结果表明：金融发展水平的提高能减轻企业的融资约束；对于那些依赖外部融资成长的企业而言，金融发展水平的提高能促进企业的成长性，进而促进企业的规模扩张。何青（2008）研究也发现，企业的融资对企业增长速度具有决定性的影响。这些研究揭示了融资对企业增长速度的影响，企业所受融资约束程度的大小，影响着其增长速度。

对于科技型企业而言，技术创新是其增长的动力。邦德等（Bond et al.，2005）认为，技术创新投资中存在融资约束，并发现在不同的国家，现金流对企业 R&D 投资的影响存在差异。扈文秀等（2009）研究也表明，企业技术创新项目投资的概率与融资约束呈负相关。黄莲琴和杨伟滨（2010）研究发现，在不同融资约束水平下，R&D 投资对公司成长性的影响具有差异性，且随着融资约束水平的增强，R&D 投资对公司成长性的促进作用逐渐降低。金融发展只有和科技创新相融合，才能促进企业的科研投入及其发展。金和莱文（1993）指出，金融和技术创新的结合是促进经济增长的主要原因。蒙和施瓦茨（Moon and Schwartz，2000）肯定了科技创新活动与金融的相关性，即没有金融的支持，企业的创新与发展也极其困难。王松奇（2000）研究发现，我国需要从根本上改善科技与金融相融合的基本框架。王海（2003）分析了 1991—1999 年我国科技金融的结合效益发现，科技金融结合的效益总体在上升，但上升幅度不高。曹颢等（2011）从科技与金融相融合的角度构建了我国科技金融发展指数，目前我国金融体制与科技型企业融资需求之间存在结构性矛盾。徐玉莲和王宏起（2012）基于 1994—2008 年时间序列数据分析了科技金融支持对技术创新的促进作用，研究发现财政科技投入、科技资本市场与风险投资支持均对技术创新具有促进作用，但银行科技信贷对技术创新的促进作用不显著。

综观国内外关于金融发展、R&D 投入及企业成长性研究可以看出，现有的研究主要集中在融资约束对企业成长的影响方面，即使是关于 R&D 投入对企业成长性的研究，也是将研究置于金融发展的框架之下。但是，只有金融发展和科技发展相融合，即科技金融的发展才能为科学与技术创新活动提供融资来源，影响到该地区企业的 R&D 投入，进而对该企业的成长性产生影响。而现有关于科技金融的研究较多涉及科技金融发展的评价及对地区科技创新的效率影响，而未涉及其对企业微观层面的影响研究。因此，本书以我国高新技术上市公司为样本，分析科技金融发展对企业 R&D 投入及成长性的影响，并对比分析不同地区科技金融发展对企业 R&D 投入及成长性的影响差异。

### （二）假设提出

科技创新是科技型企业健康成长的不竭动力，一个企业是否具有成长性在一定程度上取决于其科技创新能力，而科技创新又与企业的 R&D 投入密切相关。Mowery（1993）研究发现美国制造业公司的 R&D 投入对公司的成长性有比较明显的促进作用。Deng 等（1999）研究表明高新技术企业的专利数目和研发密度都与其未来成长机会存在显著的正相关关系。李涛等（2008）对制造业和信息业上市公司的研究指出，科研经费投入和 R&D 密度都对公司成长能力有显著贡献。上述研究表明，只有不断进行研发支出投入，才能推陈出新，企业才能发展。基于此，本章提出第一个假设：

假设1：在相同条件下，R&D 投入与企业成长性呈正相关关系。

企业研发需要大量资金，企业内源融资往往满足不了这种资金需求，需要从外部融资。因此，绝大多数企业的成长会受到外部融资的影响，科技金融将科技创新链条与金融市场链条相融合，它的发展为科学与技术创新活动提供了融资来源。科技金融是促进科技创新和推动科技成果产业化的重要力量，能够克服资本投入边际效率递减和科技创新动力的衰减，也就是说，科技金融的融合能够提高 R&D 投入的边际效率，提高 R&D 投入的盈利能力，为企业多出成果，增加收益，从而促使科技型企业的成长。因此，本章提出如下假设：

假设2：科技金融发展水平较差的地区，R&D 投入对企业成长性的促进作用将减弱。

### 三　研究设计

### （一）样本选择及数据来源

本节收集到深沪两市 2008—2011 年高新技术 A 股上市公司共

2438 家，再剔除财务数据缺失的公司后，最终得到有效样本 2278 家，其中，2008 年 463 家，2009 年 562 家，2010 年 658 家，2011 年 595 家。财务数据来自国泰安数据服务中心的 CSMAR 数据库，科技金融发展水平根据第四章测量的各地区科技金融发展指数而来。

（二）企业成长性的代理变量

企业成长性很难用一个具体财务指标来衡量，本书选取企业发展能力的五个指标来衡量企业成长性，包括资本增长率（RR）、总资产增长率（RA）、净利润增长率（RNP）、营业利润增长率（ROP）及营业收入增长率（ROI）。企业成长性（GROWTH）代理变量的描述性统计和因子分析见表 5 - 6。

表 5 - 6 列示了五个表示企业成长性代理变量的描述性统计和相关性分析结果，其中，相关性较大的是变量 RR 和 RA （0.743）以及变量 RNP 和 ROP （0.442），而 RA 和 RNP （0.001）以及 RA 和 ROP （0.019）相关性最弱。本书采用因子分析法对以上五个代理变量进行分离，选择出一个或几个能反映原来五个代理变量大部分信息的公共因子，企业的成长性用所得到因子得分来表示。

表 5 - 6　　　　　　　　代理变量的描述性统计和相关矩阵

| A：统计数据 | RR | RA | RNP | ROP | ROI |
|---|---|---|---|---|---|
| 均值 | 0.216 | 0.203 | 0.066 | - 0.187 | 0.176 |
| 中值 | 0.098 | 0.139 | - 0.025 | - 0.205 | 0.086 |
| 最大值 | 5.488 | 6.042 | 7.729 | 10.714 | 7.172 |
| 最小值 | - 0.456 | - 0.575 | - 8.212 | - 12.005 | - 1.029 |
| B：相关性矩阵 | RR | RA | RNP | ROP | ROI |
| RR | 1 | 0.743 | 0.116 | 0.287 | 0.033 |
| RA | 0.743 | 1 | 0.001 | 0.019 | 0.048 |
| RNP | 0.116 | 0.001 | 1 | 0.442 | 0.190 |
| ROP | 0.287 | 0.019 | 0.442 | 1 | 0.016 |
| ROI | 0.033 | 0.048 | 0.190 | 0.016 | 1 |

表5-7是用主成分分析法得到的因子方差贡献率，由表5-7可知，提出主成分个数为2个，原因在于前面两个主成分对应的特征值大于1。表5-8为各个因子的得分矩阵，各个因子得分函数如下：

**表5-7　　　　　　　　　总方差的解释**

| 因子 | Initial Eigenvalues | | 因子 | Rotation Sums of Squared Loadings | | |
| --- | --- | --- | --- | --- | --- | --- |
| | 总计 | % of Variance | | 总计 | % of Variance | 累积百分比（%） |
| 1 | 1.878 | 37.556 | 1 | 1.754 | 35.077 | 35.077 |
| 2 | 1.388 | 27.751 | 2 | 1.511 | 30.230 | 65.307 |
| 3 | 0.997 | 19.931 | | | | |
| 4 | 0.529 | 10.597 | | | | |
| 5 | 0.208 | 4.165 | | | | |

**表5-8　　　　　　　　　因子得分系数矩阵**

| | 因子 | |
| --- | --- | --- |
| | 1 | 2 |
| RR | 0.522 | 0.045 |
| RA | 0.548 | -0.121 |
| RNP | -0.076 | 0.577 |
| ROP | 0.021 | 0.518 |
| ROI | -0.027 | 0.234 |

$$Z_1 = 0.522RR + 0.548RA - 0.076RNP + 0.021ROP - 0.027ROI$$
$$Z_2 = 0.045RR - 0.121RA + 0.577RNP + 0.518ROP + 0.234ROI$$

然后利用公式：$Z = \dfrac{35.077Z_1 + 30.23Z_2}{65.307}$ 来计算综合因子得分，用综合因子得分来表示企业成长性（GROWTH）。

（三）研究变量及检验模型

1. 研究变量定义

本节因变量为企业成长性（GROWTH），解释变量为 R&D 投入（RD），调节变量为科技金融发展水平（LTF），根据顾群和翟淑萍

（2011）等的研究，选取资产负债率（LEV）及企业规模（SIZE），除此之外，本节还控制了行业（INDUR）和年度（YEAR）变量。研究变量及定义见表5-9。

表5-9　　　　　　　　　　　研究变量及定义

| 变量类型 | 变量名称及符号 | 变量定义 |
|---|---|---|
| 因变量 | 企业成长性（GROWTH） | 对资本增长率（RR）、总资产增长率（RA）、净利润增长率（RNP）、营业利润增长率（ROP）、营业收入增长率（ROI）5个因素进行主成分分析，得到企业成长性 |
| 解释变量 | R&D投入（RD） | 研发投入/营业收入 |
| 调节变量 | 科技金融发展水平（LTF） | 采用第四章的各地区科技金融发展指数衡量科技金融发展水平，若该地区科技金融发展指数小于平均数，取值1，否则取值0 |
| 控制变量 | 资产负债率（LEV） | 负债总额/资产总额 |
| | 企业规模（SIZE） | 对总资产取自然对数 |
| | 年度虚拟变量（YEAR） | 当变量数据属于年度 $k$ 时取1，否则为0 |
| | 行业虚拟变量（INDUR） | 当公司属于行业 $j$ 时取1，否则为0 |

## 2. 检验模型

根据前述理论分析和假设提出，本书构建模型来检验区域科技金融发展、R&D投入与企业成长性之间的关系，由于技术创新的投入与产出之间具有滞后性，因此，模型中的解释变量、调节变量及控制变量都滞后一期，构建的模型（5-3）如下：

$$GROWTH_{i,t} = \alpha_0 + \alpha_1 RD_{i,t-1} + \alpha_2 LIF_{i,t-1} + \alpha_3 RD_{i,t-1} \times LIF_{i,t-1}$$
$$+ \alpha_4 LEV_{i,t-1} + \alpha_5 SIZE_{i,t-1} + \alpha_6 INDUR_{i,t-1}$$
$$+ \alpha_7 YEAR_{i,t-1} + \varepsilon_i \qquad (5-3)$$

## 四　实证结果及分析

（一）描述性统计与相关性检验

表5-10是变量的描述性统计，可以看出，高新技术上市公司平

均增长为 9.7%，R&D 投入占营业收入的比例平均为 0.3%，最高达到了 18.1%，较往年有所提高①；该类上市公司资产负债率均值为 46.6%，最大值为 94.1%，而最小值为 1.8%。

表 5 - 10　　　　　　　　　变量的描述性统计

|  | GROWTH | RD | LIF | LEV | SIZE |
|---|---|---|---|---|---|
| 均值 | 0.097 | 0.003 | 0.479 | 0.466 | 21.572 |
| 中值 | 0.072 | 0 | 0 | 0.461 | 21.503 |
| 最大值 | 2.973 | 0.181 | 1 | 0.941 | 26.156 |
| 最小值 | - 2.946 | 0 | 0 | 0.018 | 13.763 |
| 标准差 | 0.711 | 0.013 | 0.499 | 0.422 | 1.098 |

表 5 - 11 是变量之间的 Pearson 和 Spearman 相关系数。从表中可以看出，R&D 投入（RD）与公司成长性显著正相关，表明在不考虑其他相关因素情况下，R&D 投入比例越高的公司，其成长性越好。地区科技金融发展水平（LTF）与公司成长性显著负相关，说明科技金融发展水平对该地区公司成长性具有约束作用。R&D 投入（RD）与地区科技金融发展水平（LTF）显著正相关，说明科技金融发展较慢的地区，其公司 R&D 投入资金受到限制，从而降低了 R&D 投入的边际效应。R&D 投入（RD）与公司规模（SIZE）显著正相关，说明公司规模越大，其投入 R&D 的能力越强，而 R&D 投入一定程度也会促进企业发展，增大规模。

表 5 - 11　　　　　　　　　变量之间的相关系数

| 变量 | GROWTH | RD | LTF | LEV | SIZE |
|---|---|---|---|---|---|
| GROWTH | 1 | 0.055*** | - 0.058*** | - 0.016 | - 0.004 |
| RD | 0.072*** | 1 | - 0.031* | - 0.031 | 0.039* |

---

① 翟华云（2011）统计的 2006—2008 年高新技术上市公司研发支出与营业收入的比值（RDIF）均值为 0.002。

续表

| | GROWTH | RD | LTF | LEV | SIZE |
|---|---|---|---|---|---|
| LTF | − 0. 045 ** | 0. 004 * | 1 | 0. 175 *** | 0. 066 *** |
| LEV | − 0. 004 | − 0. 039 * | 0. 119 *** | 1 | 0. 446 *** |
| SIZE | − 0. 019 | 0. 016 * | 0. 053 ** | 0. 046 ** | 1 |

注：左下角是 Pearson 相关系数，右上角是 Spearman 相关系数。\*\*\*、\*\*、\* 分别表示在 1%、5% 和 10% 水平上显著。

（二）回归结果及分析

表 5 – 12 是模型（5 – 3）的回归结果，从全样本的第（1）列回归结果看，R&D 投入（RD）的回归系数在 1% 的重要性水平上显著为正，表明公司研发支出比重越大，公司的成长性会越快，即高 R&D 投入的公司会发展更快，假设 1 得到证实，原因在于 R&D 投入是公司科技创新的重要资源，而科技创新是高新技术公司健康成长的不竭动力；在对高科技金融发展水平组的第（2）列回归结果中，R&D 投入（RD）的回归系数在 5% 的重要性水平上显著为正，这说明在科技金融发展水平较高的地区，R&D 投入对其公司的成长性有显著的正向作用，假设 1 又一次得到了证明，也在一定程度上说明，科技金融较好的融合能够提高 R&D 投入的边际效率；在对低科技金融发展水平组的第（3）列回归结果中，R&D 投入（RD）的回归系数虽为正但并不显著，说明较差的科技金融发展水平降低了资本投入边际效率和科技创新的动力。对照科技金融发展水平高、低组的回归结果可以看出，地区科技金融发展水平的高低能在一定程度上影响 R&D 投入对公司成长性的作用。从最后一组全样本的第（4）列回归结果可以看出，R&D 投入（RD）的回归系数在 1% 的重要性水平上显著为正，这说明在科技金融发展水平较高的地区，R&D 投入对其公司的成长性有显著的正向作用，假设 1 再一次得到了证明，科技金融发展水平（LTF）的回归系数在 10% 的重要性水平上显著为负，表明科技金融发展越差的地区，其公司成长性越低；反之，科技金融发展越好的地区，其公司成长性越高，即科技金融发展可以促进该地区公司的发

展；科技金融发展与 R&D 投入的交互项系数（LTF×RD）虽然为负，但不显著，只能一定程度说明地区科技金融发展水平的高低能影响 R&D 投入对公司成长性的作用，但作用并不明显，假设 2 并没有得到完全证实。

表 5－12　　　　　　　　　模型（1）的回归结果

| 变量 | （1） | （2） | （3） | （4） |
|---|---|---|---|---|
| | 全样本 | 高科技金融发展水平组 | 低科技金融发展水平组 | 全样本 |
| C | 0.341 ** | 1.236 ** | － 1.257 ** | 0.311 * |
| | (2.165) | (2.598) | （－2.403） | (2.054) |
| RD | 3.993 *** | 4.885 ** | 2.402 | 5.033 *** |
| | (3.449) | (2.324) | (1.367) | (2.782) |
| LTF | | | | － 0.059 * |
| | | | | （－1.892） |
| LTF×RD | | | | － 1.728 |
| | | | | （－0.732） |
| LEV | 0.001 | － 0.059 | 0.061 | 0.009 |
| | (0.002) | （－0.425） | (1.387) | (1.275) |
| SIZE | － 0.012 * | － 0.051 ** | 0.059 ** | － 0.009 * |
| | （－1.879） | （－2.212） | (2.463) | （－1.692） |
| INDUR | 控制 | 控制 | 控制 | 控制 |
| YEAR | 控制 | 控制 | 控制 | 控制 |
| 调整后 $R^2$ | 0.155 | 0.121 | 0.130 | 0.178 |
| F | 14.264 | 14.915 | 18.639 | 13.586 |
| N | 2278 | 1203 | 1075 | 2278 |

注：***、**、* 分别表示在 1%、5% 和 10% 水平上显著。

（三）稳健性检验

本节以总资产增长率作为成长性的替代变量对模型（5－3）进行了检验，回归结果在表 5－13 中，从第（5）列全样本的回归结果看，R&D 投入（RD）的回归系数在 1% 的重要性水平上显著为正，表示 R&D 投入与公司成长性显著正相关，假设 1 再一次得到证实；从第

（6）列和第（7）列对高、低科技金融发展水平组的回归结果来看，R&D 投入（RD）的回归系数分别在1% 和5% 的重要性水平上显著为正，与高科技金融发展水平组的回归结果相比，低科技金融发展水平组 R&D 投入（RD）的回归系数要较小一些，说明地区科技金融发展水平高低在促进 R&D 投入对公司成长性的作用方面具有一定差异；但从第（8）列科技金融发展与 R&D 投入的交互项系数（LTF × RD）来看，这种差异并不明显。对比表5 – 7 和表5 – 8 的回归结果，两者结论基本一致。

表5 –13　　　　　　　　　　模型（1）的稳健性检验

| 变量 | （5） | （6） | （7） | （8） |
| --- | --- | --- | --- | --- |
| | 全样本 | 高科技金融发展水平组 | 低科技金融发展水平组 | 全样本 |
| C | 0.838 *** | 0.805 *** | 0.702 *** | 0.833 *** |
| | (7.295) | (5.378) | (3.691) | 7.194 |
| RD | 1.785 *** | 1.941 *** | 1.618 ** | 1.965 *** |
| | (3.926) | (2.932) | (2.535) | (2.761) |
| LTF | | | | – 0.005 * |
| | | | | ( – 1.721) |
| LTF × RD | | | | – 0.301 |
| | | | | ( – 0.324) |
| LEV | 0.238 *** | 0.184 *** | 0.247 *** | 0.239 *** |
| | (17.184) | (4.247) | (15.479) | (17.122) |
| SIZE | – 0.035 *** | – 0.032 *** | – 0.029 *** | – 0.035 *** |
| | ( – 6.547) | ( – 4.426) | ( – 3.315) | ( – 6.441) |
| INDUR | 控制 | 控制 | 控制 | 控制 |
| YEAR | 控制 | 控制 | 控制 | 控制 |
| $R^2$ | 0.130 | 0.128 | 0.196 | 0.131 |
| F | 113.233 | 11.401 | 89.962 | 67.966 |
| N | 2278 | 1203 | 1075 | 2278 |

注：*** 、** 、* 分别表示在1% 、5% 和10% 水平上显著。

### 五　研究结论及启示

科技金融的发展可以提高科技创新的效率，而科技创新又是高新技术企业健康发展的原动力。本节以深沪两市 2008—2011 年高新技术 A 股上市公司为样本，检验了科技金融发展水平、R&D 投入及企业成长性的关系后发现：公司 R&D 投入比重越大，公司的成长会越快，即高 R&D 投入的公司会发展更快，这种作用在科技金融发展水平较高的地区更加明显。

从以上研究可以看出，高新技术产业要发展、培育和升级，这类企业必须能够可持续成长。高新技术企业的健康成长离不开科技创新，R&D 投入是企业科技创新的必要资源之一。高新技术企业的 R&D 投入除了通过积累资金、提高自身的投资能力外，必须依靠外部融资及金融市场的支持。加强科技金融发展，不仅可以解决企业 R&D 投入的资金，还可以提高 R&D 投入的边际效率。因此，如何发展科技金融，是提高 R&D 投入和促进企业成长的一个重要方法。在现阶段，发展科技金融首先是建立一系列区域科技金融服务平台，包括企业、金融机构、政府部门及中介服务机构等；其次是进行科技金融业务、产品创新，探索金融业务多种模式和多种产品创新，为新兴企业提供便捷和多样的金融服务和融资支持；最后是吸引科技金融创新人才以多种方式参与科技金融的发展，包括引进人才和对现有人才的培训。只有将资本与技术进行无缝对接，才能发挥 R&D 投入对企业的效用，高新技术产业才能发展和升级。

# 第六章 结论与建议

## 一 研究结论

通过本书研究，可以得出如下结论：

### （一）地区科技金融发展方面

通过选择 10 个二级指标、4 个一级指标，对 2001—2012 年各地区的科技金融发展水平进行了测定，发现：从全国来看，科技金融发展水平处于增长趋势，由 2001 年的 18.14 增加到 2012 年的 36.17，增幅为 0.99，但是也可以看出，我国科技金融发展水平整体还处于较低状态。

2001—2012 年，除海南地区外，其他地区的科技金融水平都处在增长状态；虽然各地区科技金融发展水平不断提高，但地区间的差距不断拉大。

从区域科技金融来看，与中部地区相比，西部地区科技金融发展水平虽远远落后于东部地区，但还略胜于中部地区；东部地区科技金融发展水平增长趋势比中部地区和西部地区要快，中部地区和西部地区的增长不分上下。

### （二）高新技术企业融资效率方面

从 2007—2013 年全国高新技术企业融资效率来看，综合技术效率和规模效率处于增长趋势，而纯技术效率维持在一定水平；从综合技术效率来看，东部地区起点较高，而在后续增长不足，中部地区起点次之，随后的年份增长较大，而且 2007—2013 年综合技术效率均值最高；从纯技术效率看，东部地区不管是起点也好，还是后续的增长，都不如中部地区和西部地区；从规模效率来看，东部地区起点较高，而在后续也有所增长，并且在 2007—2013 年规模效率均值最高，西部地区起点次之，随后的年份增长较大。

（三）区域科技金融发展水平对高新技术企业融资效率的影响

随着我国科技金融融合的进程化推进，区域科技金融发展有利于高新技术企业融资效率的提高，而且在上市年限较短的高新技术企业中，这种积极作用更为明显。另外，在进一步加入政府干预指数后，发现政府干预会阻碍地区科技金融发展水平对高新技术企业融资效率的积极作用。

（四）高新技术企业 R&D 投入对企业成长性的影响

高新技术企业要想发展、培育和升级，这类新兴企业必须能够可持续成长。新兴企业的健康成长离不开科技创新，R&D 投入是企业科技创新的必要资源之一。新兴企业的 R&D 投入除了通过积累资金，提高自身的投资能力外，必须依靠外部融资及金融市场的支持。加强科技金融发展，不仅可以解决企业 R&D 投入的资金，还可以提高R&D 投入的边际效率。

二　建议

（一）构建科技金融支持体系

所谓科技金融，根据赵昌文、陈春发、唐英凯等的解释，是指促进科技开发、成果转化和高新技术产业发展的一系列金融工具、金融制度、金融政策与金融服务的系统性、创新性安排，是由向科学与技术创新活动提供金融资源的政府、企业、市场、社会中介机构等各种主体及其在科技创新融资过程中的行为活动共同组成的一个体系，是国家科技创新体系和金融体系的重要组成部分。[①] 由此构建了如图6-1所示的科技金融支持体系。

科技金融支持体系包括科技金融的供给方、需求方、中介服务、机制体制和政策等方面。在供给方，主要包括政府、科技金融市场以及科技金融市场在提供资金时所使用的金融工具，科技金融市场主要

---

①　赵昌文、陈春发、唐英凯：《科技金融》，科技出版社 2009 年版，第 95 页。

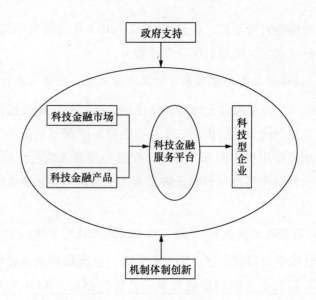

**图 6 - 1　科技金融支持体系**

包括两大部分：科技金融机构和个人，科技金融机构又包括银行、创业风险投资、科技资本市场等金融机构，个人主要包括民间投资和天使投资。在本书的科技金融支持体系中的需求方主要指科技型企业，科技金融服务平台主要指中介服务，包括担保机构、信用评级机构、咨询机构、审计机构、评估机构以及联系中介机构。

政府在科技金融支持体系中起双重作用：一是政府可以作为科技金融的供给方，将大量资金投入到科技创新中去；二是政府也是科技金融相关政策的制定方，这双重身份可以通过政府的行为来引导或促进科技金融的发展。

科技金融的发展需要突破现有的金融体制机制，创新适应于科技金融发展的机制体制，包括人才管理、市场管理以及多种所有制企业运行机制等方面。上述的这五个方面只有相互支撑、有机融合，科技金融支持体系才会发挥其功效。

（二）科技金融机制体制创新

科技金融要发展，必须要对原有的金融机制体制创新，包括完善科技金融法律保障机制、金融及非金融组织形式以及协调机制的创新。

1. 完善科技金融法律保障机制

科技与金融的融合是一项重大工程，它关乎我国高新技术企业的发展，产业结构的转型，但是，科技金融的发展需要相关法律法规的保障。综观我国现有的科技金融相关法律法规，缺乏系统性和全局性，协调起来较难，执行过程中也出现法律法规空白的地方。因此，应该针对科技金融出台一部专门的《关于促进发展科技金融的条例》，为提高《条例》的级别，可考虑让国务院牵头，以法规的形式出台，科技部、财政部、中央银行以及税务总局共同协商，在《条例》中明确规定各有关部门在科技发展中的职责范围。在此条例下，根据高新技术企业融资、担保、投资等方面出台相应的细则。

2. 创新科技金融与非金融组织形式

科技金融是为高新技术企业提供投融资服务，目前我国高新技术产业集聚地主要在高新技术产业开发区和高新技术产业化基地。这些开发区和基地集聚了大量中小型高新技术企业，它们是资金最短缺的需求方，因此，在这些企业的周围所存在的金融机构，可以通过新设科技金融分支机构或改造原来的分支机构以满足中小型高新技术企业的融资需求；目前中国民间资本很多，如何利用民间资本是当前研究的热点问题，可以鼓励民间资本设立中小型科技银行，一来满足了中小型科技企业的资金需求，二来也盘活了民间资本，能够使民间资本有较高的收益。

除了创新科技金融组织形式外，还应发展非金融组织形式，包括科技租赁公司、小额科技贷款公司等。对于有条件的大型高新技术企业，可以在内部设立财务公司，为高新技术企业提供投融资服务。

3. 协调机制创新

科技金融的发展需要科技与金融的深层次融合，因此，需要政府部门、金融机构与高新技术企业之间的协调。首先，要建立金融机构与高新技术企业之间的沟通渠道，可以创建一个沟通平台，由管理部门组织，金融机构和高新技术企业参加的定期推介会，宣传金融产品和企业技术创新项目。其次，金融机构与高新技术企业要实施有效对接，探寻金融资本和科技资源有效结合的方式，引导民间资本进入科技创新和成果转化中来。最后，建立管理部门、金融机构与高新技术企业之间的信息共享机制。可以在政府部门、金融机构以及科技部门建立一个信息平台，各自提供财政、税收、金融政策、金融产品创新、科技创新等方面的信息。

（三）强化政府的引导和促进功能

政府既可以是资金的提供方，也可以通过政策的制定来引导和促进科技金融的发展。首先，政府可以采取财政拨款方式直接支持高新技术企业的发展，还可以通过参股设立科技风险投资基金，引导民间资本、金融资本向高新技术企业配置；其次，对于对高新技术企业投资或贷款的金融机构、企业或个人，应给予一定的税收优惠政策，对于从事高新技术的地区或企业，政府除给予一定的税收优惠或减免政策外，还应给予一定的资金配套；最后，对于科技金融发展较落后地区，政府应该采取一系列措施吸引人才、资金到这些地区来，制定人才引进激励机制，设置绿色通道，为科技金融人才的甄选、引进、工作提供便利。

（四）完善科技金融市场融资体系

完善的科技金融市场融资体系包括科技金融股权投资市场、证券市场和信用担保市场。

1. 完善科技金融股权投资市场

（1）培育科技创新天使投资人，发展天使投资基金

首先，建立政府主导的天使投资基金。我国天使投资人分布零散，不利于他们资金的聚集和经验的交流，因此需要组建天使投资团队。这些团队可以将资金聚集起来，集中力量做一些重要的事情，而且团队的抗风险能力增强。但这些需要政府主导的天使投资基金的引导，政府引导基金不仅可以给需要投资的企业送去资金，还能引导大量的民间资本、金融机构以及其他投资者参与到对高新技术企业种子期和天使期的投资。因此，政府主导的天使投资基金具有强大的引导

作用，它们会吸引其他资本对高新技术企业的投资。引导基金可以起到带头的作用，它表示国家政府今后的发展方向和对此事的支持力度，可以让社会和广大投资者认识到国家对产业的发展方向，引导基金的投向应该是一个风向标，从而吸引更多的社会天使资本。

其次，建立和完善天使投资的退出机制。我国中小型高新技术企业多，天使投资退出渠道不顺畅，要吸引天使投资落户于中小型高新技术企业，只有使天使投资在达到自己投资愿望以及有更好的投资项目时，能够顺畅地退出现有项目，因此，要完善天使投资退出机制。目前IPO是天使投资的最佳退出方式，但是，IPO等待的时间较长，因此，还可以建立区域交易平台，为产权交易、企业权益融资、投资进入或退出提供交易和服务的平台。

（2）扩大科技创新风险投资规模，为高新技术企业接力

首先，拓宽高新技术企业风险投资筹资渠道。资金来源渠道狭窄一直是风险投资运行中的"瓶颈"，只有拓宽风险投资筹资渠道，才能为高新技术企业提供融资资金，并要构建和完善多元化风险投资体系，其一，应该转换政府职能，不断发展和壮大专业化的高新技术产业的投资机构，在投资机构引导下，资金流向高新技术企业，然后集群，可以提高市场配置资源的效率。其二，最大限度地调动民间闲置资本，充分鼓励和调动养老基金、保险和信托公司、社会捐助等资金来充实风险投资的资本，使民间资本广泛渗入到风险投资队伍中，并积极支持外资风险投资涌入高新技术产业当中，实现内外资本的有效结合，从而拓宽风险投资对高新技术企业支持的渠道，使我国高新技术企业的资金能持续循环。其三，积极探索发展场外交易市场，有效完善风险投资进入与退出的体系。[1]

其次，加强风险投资领域高素质人才培育。由于高新技术企业具有高投入、高风险、高回报等特征，所以投资面临较大投资风险，普通的投资者难以控制风险，目前国际上是将散户的资金交给专门的风

---

[1]　杨蓉、翟华云：《风险投资支持战略性新兴产业发展探究》，《财会通讯》2014年第29期。

险投资机构，由他们来操作，可以有效地防控投资风险。那么，在这种情况下，专业型风险投资家素质的高低直接影响着风险投资的生存和发展，因此，加强高新技术企业风险投资高素质人才培育十分必要。从公开数据来看，我国从事风险投资的人员具有科学技术、企业管理、金融资本运作等专业背景所占比例远远低于国际水平，具有多种技能的复合型人才更是缺乏。这样就导致了风险投资机构缺乏投资人才为投资项目做出正确的投资策略和判断。因此，加强高新技术企业风险投资高素质人才培育，有效解决风险投资人才短缺问题，是促进我国高新技术企业发展的必经之路。由于西方国家风险投资行业的发展比我国起步早，发展得更为成熟，因此，我国可以适当的引进外部专家，并与其所在机构进行多层次、多形式的合作，通过合作能够到接触和学习到国外先进的理念和投资手段。我们在引进外来人才的同时要更加注重本土人才的培育，有计划地选派高素质人才出国深造，不断对国外先进的投资知识进行吸收和创新。[1]

2. 完善我国多层次的证券市场，为高新技术企业发展和升级提供融资平台

（1）高新技术企业可以通过上市、并购等措施，达到融资目的[2]

通过配股、增发股票（包括公开增发和非公开增发，定向增发和非定向增发）等方式是上市公司进行融资的常用手段。高新技术企业中的不少企业认为企业上市后才能通过股票市场融资，其实非上市企业也可以通过向上市公司转让股权方式进行融资。这些企业可以吸引上市公司对其长期股权投资，以达到从股票市场间接融资的目的，这是一个"双赢"的选择。对上市公司而言，通过增发股票和配股，将募集来的资金用于投资高新技术企业这样的优质资产，是做大做强自己的很好选择；高新技术企业还可以通过向上市公司出售自己的股权，获得亟须的发展资金，而且融资成本和风险相对较低。并且让上

---

① 杨蓉、翟华云：《风险投资支持战略性新兴产业发展探究》，《财会通讯》2014 年第 29 期。

② 陶颖、翟华云：《西部民族地区股票市场推动战略性新兴产业发展研究》，《行政事业资产与财务》2014 年第 15 期。

市公司成为自己的股东之一，能大大提升自己的品牌效应，也是一种明智的做法。①

（2）完善中小板和创业板

高新技术企业主要是中小企业，它们起步规模小，资产流动性差，导致这些企业上市困难，创业板和中小板则主要针对中小企业和高新技术企业。证监会等相关部门应充分切合国家导向，针对高新技术企业应适当放宽入市政策，保证它们在起步阶段有相应资金保障。政府应该关注中小企业发展过程中所遇到的"瓶颈"，提高对中小企业的扶持力度，可以阶段性尝试实行入市配额制。对于属于国家扶持和有利于国家经济发展方式转型的产业（如高新技术产业）保持适当的配额制。②

（3）通过"新三板"融资是高新技术企业融资发展的渠道之一③

"新三板"一词起源于 2006 年国家在北京中关村科技园区实行了非上市股份公司进入代办转让系统进行股份报价转让。新三板对于企业来说，准入门槛低，股东所有制不影响进入新三板。只要企业具备持续、合法规范经营能力，相关治理机制健全，股权明晰且股票发行和转让行为合法合规，就可申请进入新三板。2013 年 6 月 19 日，国务院常务会议决定将新三板试点从原先的北京中关村科技园区、天津滨海高新区、武汉东湖新技术开发区和上海张江高新技术产业开发区扩大至全国，截至 2013 年 10 月 16 日，新三板挂牌企业在我国已有331 家，并有 7 家成功实现转板。国家在新三板扩容过程中应充分考虑中小型高新技术企业的需要，这样中小企业就可以以非上市企业的身份通过新三板股权交易市场，实现融资发展。④

3. 完善信贷信用体系，为高新技术企业进行间接融资

商业银行比较重视信贷方的信用，具有一定规模的高新技术企业

---

① 陶颖、翟华云：《西部民族地区股票市场推动战略性新兴产业发展研究》，《行政事业资产与财务》2014 年第 15 期。

② 同上。

③ 同上。

④ 同上。

如果想长期和商业银行保持良好的信贷关系，就应该防止信贷风险的发生。信贷体系建设包括两个方面：一是高新技术企业的信用状况；二是社会诚信环境。对于高新技术企业来讲，要做到按时还本付息，按合同规定用途使用贷款资金，建立信用档案及信息披露传递网络等，使银行能够随时了解到企业的财务状况，并对违规企业进行记录。在加强社会诚信环境建设方面，首先，在立法上要充分体现被违约人利益，对于违约事件，要追究违约责任；其次，法律制度需要人民来制定和执行，这些和"公民"整体品质和道德水准相关，更需要社会公民的正确判断，社会需要的是正常的商业道德，是诚实守信，这是建立社会信用体系不可缺少的部分。如果需要公民对法律制度遵守，在制定这些法律制度时就要考虑到人的本性——理性经济人，只有遵照理性经济人的规律去制定法律法规，才能使每个公民都有积极性去维持它。

**（五）健全科技金融产品体系**

创新信贷产品，利用互联网金融。处于发展期的高新技术企业规模还较小，还不能够提供大量有形的质押品，但是高新技术企业有新技术，具有大量的无形资产，因此，可以考虑采用知识产权质押的方式获得商业银行的信贷。另外，高新技术产业具有比较完整的产业链，也可以考虑采用产业链融资等方式，通过信贷产品的创新，为发展期的高新技术企业提供资金；目前，互联网金融为中小型企业融资提供了便利，针对高新技术企业，可以以发达的互联网系统为媒介，不断深化互联互通，充分利用网上银行快捷便利的优势，进一步创新针对不同投融资者的金融产品，以满足发展期的高新技术企业的资金需求。

**（六）建立系统性科技金融服务平台**

我国已有的科技金融服务平台主要有三类：第一类是政府主导型的科技金融服务平台，如科技金融服务中心、科技型中小企业信贷项目评审科技专家咨询服务平台、实施"面向科技型中小企业的科技金融综合服务平台及应用示范"项目；第二类是金融机构主导型的社会化科技金融服务平台[①];第三类是民间机构主导型的社会化科技金融服务平台。截至 2013 年年初,我国已有 26 家科技金融服务平台,这三种科技金融服务平台的功能相互补充,但是,各有支撑科技金融发展的重点。在我国现有科技金融资源短缺的情况下,应该整合各种资源,建立系统性科技金融服务平台,既包括债权、股权以及担保相关的融资机构,还应包括评估、审计在内的第三方中介机构,科技孵化、转化和产业化的咨询服务,信息交流服务平台等。

### 三 研究展望

本书结合我国现有的治理环境背景,对地区科技金融发展水平进行了测定,并利用测定的数据,检验了地区科技金融发展水平对高新技术企业融资效率的影响,并考虑在不同地区政府干预情况下的影响差异。但是,由于时间以及样本的限制,还有如下问题未予以考虑,也是以后的研究方向。

一是造成区域科技金融发展水平差异的影响因素。本书研究发现,各个地区科技金融发展水平相差很大,发展速度也有差异,是什么样的因素造成目前地区科技金融发展水平不均衡现象,有没有一个可以遵循的科技金融发展规律或好的路径可以借鉴?由于时间的原因尚未涉及。

二是高新技术企业投资效率的现状以及地区科技金融发展水平对其的影响。企业的投资和融资像硬币的正反面,研究融资问题必然会涉及企业的投资,那么,我国高新技术企业的投资结构、投资数量以及投资效率如何,区域科技金融发展水平对这些又有什么样的影响,这是以后待完成的研究问题。

---

① 马鹏:《我国科技金融服务平台的比较分析》,《科技管理研究》2014 年第 14 期。

# 参考文献

1. 艾洪德、徐明圣、郭凯:《我国区域金融发展与区域经济增长关系的实证分析》,《财经问题研究》2004年第7期。

2. 白敏:《北京市科技金融创新发展研究》,硕士学位论文,首都经济贸易大学,2013年。

3. 陈长玉:《成长期的高新技术企业融资风险预警模型研究》,硕士学位论文,西安电子科技大学,2012年。

4. 楚鹰、孔保抢:《中小企业板及高新技术企业融资研究》,《科技进步与对策》2004年第12期。

5. 邓天佐、张俊芳:《关于我国科技金融发展的几点思考》,《证券市场导报》2012年第12期。

6. 豆晓利、王文剑:《中国区域金融发展差异、变动趋势与地方政府行为——兼论分税制改革对中国区域金融差异的影响》,《上海金融》2011年第2期。

7. 杜朝运:《区域金融与经济发展协调的模型研究》,《厦门大学学报》(哲学社会科学版)2007年第3期。

8. 杜家廷:《中国区域金融发展差异分析——基于空间面板数据模型的研究》,《财经科学》2010年第9期。

9. 段世德、徐璇:《科技金融支撑战略性新兴产业发展研究》,《科技进步与对策》2011年第7期。

10. 樊星:《科技金融理论与实践悖论分析》,《中国科技论坛》2011年第3期。

11. 范丽娜、周昭雄:《我国金融成长区域差异性探究》,《工业技术经济》2010年第12期。

12. 范学俊：《金融政策与资本配置效率——1992—2005 年中国的实证》，《数量经济技术经济研究》2008 年第 2 期。

13. 房汉廷：《关于科技金融理论、实践与政策的思考》，《中国科技论坛》2010 年第 11 期。

14. 房静：《高校科技自主创新能力的理论与政策研究》，硕士学位论文，郑州大学，2007 年。

15. 高连和：《自和谐与共和谐相洽的区域金融和谐发展》，《现代经济探讨》2011 年第 3 期。

16. 高山：《基于 DEA 方法的科技型中小企业融资效率研究》，《会计之友》2010 年第 3 期（下）。

17. 顾群、翟淑萍、苑泽明：《高新技术企业融资约束与 R&D 投资效率关系研究》，《经济经纬》2012 年第 5 期。

18. 顾晓旭：《我国高新技术企业融资效率评价的探讨》，《商业会计》（上半月）2007 年第 7 期。

19. 郭席四：《我国高新技术企业融资问题探析》，《理论探讨》2001 年第 5 期。

20. 韩芳：《基于博弈分析的民营高新技术企业融资问题研究》，硕士学位论文，合肥工业大学，2012 年。

21. 洪银兴：《科技金融及其培育》，《经济学家》2011 年第 6 期。

22. 胡苏迪、蒋伏心：《科技金融理论研究的进展及其政策含义》，《科技与经济》2012 年第 3 期。

23. 华伟：《科技金融的融合机制及对策建议》，硕士学位论文，山东财经大学，2013 年。

24. 黄德权：《广东区域金融与经济协调发展现状、问题与对策研究》，《开发研究》2008 年第 3 期。

25. 黄桂良：《国内外区域金融差异研究综述与简评》，《区域金融研究》2010 年第 7 期。

26. 黄志忠、谢军：《宏观货币政策、区域金融发展和企业融资约束——货币政策传导机制的微观证据》，《会计研究》2013 年第 1 期。

27. 回广睿:《我国科技金融的效率评价及其影响因素分析——基于 DEA—Tobit 两步法的实证检验》,硕士学位论文,西北大学,2014 年。

28. 贾静:《区域金融功能区与区域经济发展研究》,硕士学位论文,山西财经大学,2013 年。

29. 姜传炜:《区域金融成长研究——以青岛为例》,硕士学位论文,中国海洋大学,2009 年。

30. 李芳、王超:《创新型中小企业融资效率评价体系构建》,《统计与决策》2014 年第 2 期。

31. 李敬、徐鲲、杜晓:《区域金融发展的收敛机制与中国区域金融发展差异的变动》,《中国软科学》2008 年第 11 期。

32. 李巧莎:《基于金融成长周期理论的科技型中小企业融资问题研究》,《科技管理研究》2013 年第 10 期。

33. 李青原、李江冰、江春、Kevin X. D. Huang:《金融发展与地区实体经济资本配置效率——来自省级工业行业数据的证据》,《经济学》(季刊)2013 年第 2 期。

34. 李雅丽:《基于 DEA 模型的科技金融投入产出效率研究》,硕士学位论文,江西师范大学,2013 年。

35. 刘斌:《我国高科技园区科技金融发展实施策略的比较研究》,《上海金融》2013 年第 4 期。

36. 刘凤娟、郭胜大:《科技金融及创业投资的发展对策——以江苏省为例》,《技术经济与管理研究》2012 年第 4 期。

37. 刘国亮、徐斌:《区域金融发展与我国上市公司债务期限结构》,《山东大学学报》(哲学社会科学版)2009 年第 3 期。

38. 刘亮:《科技金融对科技创新的促进:苏州案例》,《海南金融》2012 年第 1 期。

39. 刘玲利、王聪:《我国高新技术上市公司融资效率评价分析研究》,《经济纵横》2010 年第 10 期。

40. 刘绮涛:《高新技术企业融资模式比较分析——基于创业板市场推出》,《科技管理研究》2010 年第 12 期。

41. 刘文丽、郝万禄、夏球：《我国科技金融对经济增长影响的区域差异》，《宏观经济研究》2014 年第 2 期。

42. 刘振、宋献中：《国外高新技术企业融资机制比较与借鉴》，《经济纵横》2007 年第 21 期。

43. 龙勇、常青华：《高新技术企业创新类型、融资方式与联盟战略关系的实证研究》，《管理工程学报》2010 年第 2 期。

44. 鲁振宇、孙超平：《基于融资租赁视角下高新技术企业融资困境化解路径研究》，《中国科技论坛》2014 年第 11 期。

45. 陆岷峰、汪祖刚：《关于发展科技金融的创新策略研究——基于我国科技金融特点、问题、对策的分析》，《西部金融》2012 年第 5 期。

46. 陆文喜、李国平：《中国区域金融发展的收敛性分析》，《数量经济技术经济研究》2004 年第 2 期。

47. 毛有佳、毛道维：《科技创新网络与金融网络的链接机制——基于苏州科技金融实践》，《社会科学研究》2012 年第 5 期。

48. 裴平：《加快江苏科技金融创新与发展》，《金融纵横》2011 年第 10 期。

49. 乔燕：《我国高新技术企业融资方式的实证研究——以东西部上市高新技术企业为例》，硕士学位论文，兰州商学院，2012 年。

50. 姗娜：《科技金融的结合机制与政策研究》，硕士学位论文，浙江大学，2011 年。

51. 宋玉臣、李楠博：《科技创新型企业创业板上市融资效率研究》，《财经理论与实践》2014 年第 7 期。

52. 孙瑶：《创业板高新技术企业融资效率问题研究》，硕士学位论文，西南财经大学，2012 年。

53. 汤汇浩：《科技金融创新中的风险与政府对策》，《科技进步与对策》2012 年第 3 期。

54. 汤学兵：《区域金融差距与区域经济发展》，《理论探索》2008 年第 6 期。

55. 汪泉、史先诚：《科技金融的定义、内涵与实践浅析》，《上海金融》2013 年第 9 期。

56. 王宏起、徐玉莲：《科技创新与科技金融协同度模型及其应用研究》，《中国软科学》2012 年第 6 期。

57. 王启利：《甘肃省科技金融发展战略研究》，硕士学位论文，兰州商学院，2013 年。

58. 王倩：《我国高新技术企业融资问题研究》，硕士学位论文，山西财经大学，2012 年。

59. 王永剑、刘春杰：《金融发展对中国资本配置效率的影响及区域比较》，《财贸经济》2011 年第 3 期。

60. 肖嫚：《战略性新兴产业发展的科技金融创新模式研究》，硕士学位论文，武汉理工大学，2012 年。

61. 肖泽磊、韩顺法、易志高：《我国科技金融创新体系的构建及实证研究——以武汉市为例》，《科技进步与对策》2011 年第 9 期。

62. 熊波、陈柳：《非对称信息对高新技术企业融资的影响》，《中国管理科学》2007 年第 6 期。

63. 熊波、陈柳：《高新技术企业技术成果转化与多层次资本市场研究》，《当代经济科学》2005 年第 7 期。

64. 徐慧琳：《高新技术企业融资策略研究》，硕士学位论文，山东大学，2012 年。

65. 徐玉莲、王宏起：《科技金融对科技创新的支持作用：基于 Boot-strap 方法的实证分析》，《科技进步与对策》2012 年第 2 期。

66. 徐玉莲、王玉冬、林艳：《区域科技创新与科技金融耦合协调度评价研究》，《科学学与科学技术管理》2011 年第 12 期。

67. 徐玉莲：《区域科技创新与科技金融协同发展模式与机制研究》，博士学位论文，哈尔滨理工大学，2012 年。

68. 杨楠：《创业板高新技术企业关系型融资影响因素的实证研究》，《财会月刊》2013 年第 5 期。

69. 杨宜：《北京高科技中小企业融资效率研究》，《科技管理研究》2009 年第 10 期。

70. 杨勇：《广东科技金融发展模式初探》，《科技管理研究》2011 年第 10 期。

71. 游达明、朱桂菊：《区域性科技金融服务平台构建及其运行模式研究》，《中国科技论坛》2011 年第 1 期。

72. 于春红：《我国高新技术企业融资体系研究》，《科技进步与对策》2007 年第 12 期。

73. 于金欢：《我国高新技术企业融资问题研究》，硕士学位论文，吉林财经大学，2010 年。

74. 张菊梅、史安娜、石莎莎：《高新技术企业融资困境的深层思考》，《科技管理研究》2008 年第 8 期。

75. 张璐：《我国高新技术企业融资效率研究——基于中小企业板和创业板信息技术类公司的对比》，硕士学位论文，中国地质大学，2014 年。

76. 张玉明、邓志钦、燕鹏：《高新技术企业融资策略与资本结构优化》，《科学学与科学技术管理》2005 年第 7 期。

77. 赵睿、杨宜：《高新技术中小企业融资路径的演变启示——以北京中关村科技园区为例》，《科技管理研究》2007 年第 12 期。

78. 赵天一：《战略性新兴产业科技金融支持路径及体系研究》，《科技进步与对策》2013 年第 4 期。

79. 赵伟、马瑞永：《中国区域金融发展的收敛性、成因及政策建议》，《中国软科学》2006 年第 2 期。

80. 赵志明：《高新技术企业 IPO 融资效率研究——基于中小板和创业板上市公司数据》，硕士学位论文，太原理工大学，2012 年。

81. 周昌发：《科技金融发展的保障机制》，《中国软科学》2011 年第 3 期。

82. 周辉、罗良文：《科技金融推动低碳产业发展模式研究》，《科技进步与对策》2011 年第 24 期。

83. A. Ross，"The Determination of Financial Structureahe Incentive Signalling Approach Bell ". *Journal of Economics*, No. 8, 1997, pp. 23 – 40.

84. Aghion, P., Howitt, P., Mayer – Foulkes, "The Effect of Financial Development on Convergence：Theory and Evidence". *The Quarterly*

*Journal of Economics*, No. 1, 2005, pp. 173 – 222.

85. Alessandra, C., Stoneman, P., "Financial Constraints to Innovation in the UK: Evidence from CIS2 and CIS3", Oxford Economic Papers, Vol. 60, No. 4, 2008, pp. 711 – 730.

86. Andrea Caggese, "Entrepreneurial Risk, Investment and Innovation". Pompeu Fabra University, 2006.

87. Arestis, P., Demetriades, P., "Financial Development and Economic Growth: Assessing the Evidence". *Economics Journal*, Vol. 107, No. 5, 1997, pp. 783 – 799.

88. Audretsch, D. B., Lehmann, E., "Debt or Equity? The Role of Venture Capital in Financing High – Tech Firms in Germany". *Schmalenbach Business Review*, Vol. 56, No. 10, 2004, pp. 340 – 357.

89. Ayyagari, M. A., "Demirgus – Kunt and V. Maksimovic, Fromal versus Informal Finanacnce: Evidence from China". *Review of Financial Studies*, Vol. 23, No. 8, 2010, pp. 3048 – 3097.

90. Balkin, D. B., Markman, G. D. and Gomez – Mejia, L. R., "Is CEO Pay in High – technology Firms Related to Innovation?". *Academy of Management Journal*, 2000, Vol. 43, No. 6, pp. 1118 – 1129.

91. Beck, T., Levine, R. and Loayza, N., "Finance and the Sources of Growth". *Journal of Financial Economics*, Vol. 58, 2000, pp. 261 – 300.

92. Beck, T. and R. Levine, "Industry Growth and Capital Allocation: Does Having a Market or Bank Based System Matter". *Journal of Financial Economics*, Vol. 64, 2002, pp. 147 – 180.

93. Beck, H. T. L., Demiruc – Kunt, A. and Levine, R., "Finance, Inequality and the Poor". *Journal of Eeonomic Growth*, No. 12, 2007, pp. 27 – 49.

94. Beck, T., Levine, R. and Loyaza, N. V., "Financial Intermediation and Growth: Causality and Causes". *Journal of Monetary Economics*, No. 1, 2000, pp. 31 – 77.

95. Besley, Timothy and Andrea Pratt, "Handcuffs for the Grabbing Hand? The Role of the Media in Political Accountability". *American Economic Review*, Vol. 196, 2006, pp. 1720 – 7361.

96. Binh, K. B. , Sang Yong Park and Sung Shin, "Financial Structure and Industrial Growth: A Direct Evidence from OECD Countries". Working Paper, 2005.

97. Butler, A. W. , Cornaggia J. , "Does Access to External Finance Improve Productivity? Evidence from a Natural Experiment". *Journal of Financial Eeonomics*, No. 1, 2011, pp. 184 – 203.

98. Casamatta, C. , "Financing and Advising: Optimal Financial Contracts with Venture Capitalists". *Journal of Finance*, Vol. 58, No. 5, 2003, pp. 2059 – 2086.

99. Chakrabarty, D. and A. Chaudhuri, "Formal and Informal Sector Credit Institutions and Interlinkage". *Journal of Economic Behavior and Organization*, No. 46, 2001.

100. Cheng, X. and Degryse, H. A. , "The Impact of Bank and Non – Bank Financial Institutions on Local Economic Growth in China". *Journal of Financial Services Researeh*, No. 2, 2010, pp. 179 – 199.

101. Chi Schive, "Industrail Policies in a Maturing Taiwan Economy". *Journal of Industry Studies*, No. 8, 1995.

102. Craig L. Moore, Gerald J. Karaska, Joanne M. Hill, "The Capital Account and Regional Balance of Payments Problems". *Regional Studies*, No. 1, 1985, pp. 29 – 35.

103. Da Rin, Marco and Hellmann, Thomas, "Banks as Catalysts for Industrialization". *Journal of Financial Intermediation*, Vol. 11, No. 4, 2002, pp. 366 – 397.

104. Deidda, L. and Fattouh, B. , "Non – linearity between Finance and Growth". *Economics Letters*, No. 74, 2002, pp. 339 – 345.

105. Demetriades, P. , J. Du, S. Girma and C. Xu, "Does the Chinese Banking System Promote the Growth of Firms". University of Leicester

Working Paper, 2008.

106. Dyck, A. and Zingales, L., "Private Benefits of Control: An International Comparison". *Journal of Finance*, Vol. 59, No. 12, 2004, pp. 1537 – 6001.

107. Dyck, A., Morse, A. and Zingales, L., "Who Blows the Whistle on Corporate Fraud". *Journal of Finance*, No. 6, 2010, pp. 2213 – 2254.

108. Dyck, A., Volchkova, N. and Zingales, L., "The Corporate Governance Role of the Media: Evidence from Russia". *Journal of Finance*, Vol. 163, No. 13, 2008, pp. 11093 – 11351.

109. Fama, Eugene F., "Agency Problems and the Theory of the Firm". *Journal of Political Economy*, Vol. 188, 1980, pp. 1288 – 3071.

110. Fama, Eugene F. and Jensen, Michael C., "Separation of Ownership and Control". *Journal of Law & Economics*, Vol. 126, No. 12, 1983, pp. 1301 – 251.

111. Fich, E. M. and A. Shivdasani, "Are Busy Boards Effective Monitors?". *The Journal of Finance*, Vol. 156, No. 12, 2006, pp. 1689 – 7241.

112. Goldsmith, R. W., "*Financial Structure and Development*". Yale University Press, 1969.

113. Greenwood, J., Jovanovic, B., "Financial Development, Growth, and the Distribution of Income". *Journal of Political Economy*, Vol. 98, No. 5, 1990, pp. 1076 – 1107.

114. Greenwood, J. and B. D. Smith, "Financial Markets in Development and the Development of Financial Markets". *Journal of Economic Dynamics and Control*, Vol. 21, No. 1, 1997, pp. 145 – 181.

115. Haynes, G. W., Haynes, D. C., "The Debt Structure of Small Businesses Owned by Women in 1987 and 1993". *Journal of Small Business Management*, Vol. 37, No. 2, 1999, pp. 1 – 19.

116. Helena Svalery, Jonas Vlachos, "Financial Markets, the Pattern of In-

dustrial Specialization and Comparative Advantage: Evidence from OECD Countries". *European Economic Review*, No. 49, 2005, pp. 113 – 144.

117. Herrera, A. M., Minetti, R., "Informed Finance and Technological Change: Evidence from Credit Relationships". *Journal of Financial Economics*, Vol. 83, No. 1, 2007, pp. 223 – 269.

118. Jeffrey Wurgler, "Financial Markets and the Allocation of Capital". *Journal of Financial Economics*, Vol. 58, No. 1 – 2, 2000, pp. 187 – 214.

119. Jianfeng Wu, Rungting Tu, "CEO Stock Option Pay and R&D Spending: A Behavioral Agency Explanation". *Journal of Business Research*, Vol. 60, No. 5, 2007, pp. 482 – 492.

120. Jiang Luo, "The Impact of External Financing on a Firm's Project Selection Decision", Revista de Cercetaresi Interventie Socială, No. 26, 2011.

121. Joe, J., H. Louis and D. Robinson, "Managers 'and Investors' Responses to Media Exposure of Board Ineffectiveness". *Journal of Financial and Quantitative Analysis*, Vol. 144, 2009, pp. 1579 – 6051.

122. Joshua Aizenman, Vladyslav Sushko, "Capital Flow Types, External Financing Needs, and Industrial Growth: 99 countries, 1991 – 2007", NBER Working Paper, 2011.

123. Kaplan, S. V., Stromherg, G, P., "Financial Contracting Theory Meets the Real – world: An Empirical Analysis of Venture Capital Contracts". *Review of Economic Studies*, Vol. 70, No. 2, 2003, pp. 281 – 295.

124. Kellee S. Tsai, "Imperfect Substitutes: The Local Political Economy of Normal Finance and Microfinance in Rural China and India", World Deved, No. 9, 2004, pp. 1487 – 1507.

125. Keuschning, C., "Venture Capital Backed Growth". *Journal of Eco-*

*nomic Growth*, Vol. 9, No. 2, 2004, pp. 239 – 261.

126. King, R. G., Levine R., "Finance, Entrepreneurship, and Growth: Theory and Evidence". *Journal of Monetary Economics*, Vol. 32, 1993, pp. 513 – 542.

127. King, R., Levine, R., "Finance and Growth: Sehumpeter May be Right?". *Quarterly Journal of Eeonomics*, No. 3, 1993, pp. 717 – 738.

128. Kortum, S., Lerner, J., "Assessing the Contribution of Venture Capital to Innovation". *Rand Journal of Economics*, Vol. 31, No. 4, 2000, pp. 674 – 692.

129. Latiter Bosh, "Where does the Money Come form? The Financing of Small Entrepreneurial Enterprises". New York University Working Paper, 1999.

130. Leopold Simara and Paul W. Wilson, "Estimation and Inference in Two – stage, Semi – parametric Models of Production Processes". *Journal of Econometrics*, Vol. 136, No. 1, 2007, pp. 31 – 64.

131. Levine, R., "Financial Development and Economic Growth: Views and Agenda". *Journal of Economic Literature*, No. 35, 1997, pp. 688 – 726.

132. Levine, A., Lin, C. F. and Chu, J., "Unit Root Tests in Panel Data: Asymptotic and Finite Sample Properties". *Journal of Econometrics*, Vol. 102, 2002, pp. 1 – 24.

133. Levine, Ross, "Bank – Based or Market – Based Financial Systems: Which Is Better?", University of Minnesota Mimeo, 2000.

134. Lu, D., "Rural – urban Income Disparity: Impact of Growth, Allocative Efficiency and Local Growth Welfare". *China Econ*, No. 13, 2002, pp. 419 – 429.

135. Lucas, R. E., "On the Mechanics of Eeonomic Development" *Journal of Monetary Eeonomics*, No. 1, 1988, pp. 3 – 42.

136. Luigi, B., Fabio, S., Alessandro, S., "Banks and Innovation:

Micro – econometric Evidence on Italian Firms". *Journal of Financial Economics*, Vol. 90, No. 2, 2008, pp. 197 – 217.

137. Marco DaRin and Thomas Hellmann, "Banks as Catalysts for Industrialization". *Financial Intermediation*, No. 10, 2002, pp. 366 – 397.

138. Martings Dun, "Venture Capital and the Structure of Capital Markets: Bank Versus Stock Markets". *Journal of Financial Economics*, No. 47, 2004, pp. 143 – 236.

139. Modigliani, F. and S. L. Cao, "The Chinese Saving Puzzle and the Life – Cycle Hypothesis". *Journal of Economic Literature*, Vol. 42, No. 1, 2004, pp. 145 – 170.

140. Oshiro Miwa and J. Mark Ramseyer, "Japanese Industrial Finance at the Close of the 19th Century: Trade Credit and Financial Intermediation". *Explorations in Economic History*, Vol. 43, No. 1, 2006, pp. 94 – 118.

141. Parguez, A. and M. Seccareccia, *"The Credit Theory of Money: The Monetary Circuit Approach"*. London: Routledge, 2000.

142. Parris, S., Demirel, P., "Innovation in Venture Capital Backed Clean – Technology Firms in the UK". *Strategic Change*, No. 19, 2010, pp. 343 – 357.

143. Quindlen, R., *"Confessions of a Venture Capitalist"*, New York: Warner Books, 2000, pp. 35 – 40.

144. Raghuram G. Rajan and Luigi Zingales, "Power in a Theory of the Firm". *The Quarterly Journal of Economics*, MIT Press, Vol. 113, No. 2, 1998, pp. 387 – 432.

145. Raghuram G. Rajan, Luigi Zingales, "Financial Dependence and Growth". *The American Economic Review*, Vol. 88, No. 3, 1998, pp. 559 – 586.

146. Rajan, R. G., "Insiders and Outsiders: The Choice between Informed and Arm's – Length Debt". *Journal of Finance*, Vol. 47, No. 4,

1992, pp. 1367 – 1440.

147. Schumpeter, J. A. , "*The Theory of Eeonomic Development*". Harvard University Press, 1911.

148. Skeel, D. , "Shaming in Corporate Law". *University of Pennsylvania Law Review*, Vol. 149, 2001, pp. 11811 – 18681.

149. Stiglits and Weiss, "Incomplete Information in the Market Credit Rationing". *American Economic Review*, 1981.

150. Suo, R. X. , Wang, F. L. , "Evaluation of the Effectiveness of Financial Support to Agriculture Based on the DEA Method". *Journal of Northeast Agricultural University*, Vol. 16, No. 3, 2009, pp. 46 – 51.

151. Tadassee, S. , "Does Financial Structure Matter for Economic Growth: A Corporate Finance Perspective". Ohio State University, Mimco, 2000.

152. Tang, M. C. , Chyi, Y. L. , "Legal Environments, Venture Capital and the Total Factor Productivity Growth of Taiwanese Industry". *Contemporary Economic Policy*, Vol. 26, No. 3, 2008, pp. 468 – 481.

153. Vasilescu, L. G. , Popa, A. , "Venture Capital Funding – Path to Growth and Innovation for Firm", Constatin Brancusi University of Targu Jiu Annals Economy Series, No. 1, 2011, pp. 204 – 213.

154. Wang, Y. and Y. D. Yao, "Sources of China's Economic Growth 1952 – 1999: Incorporating Human Capital Accumulation". *China Economic Review*, Vol. 14, No. 1, 2003, pp. 32 – 52.

155. Wurgler, J. , "Financial Markets and the Allocation of Capital". *Journal of Financial Economics*, Vol. 58, 2000.

156. Xu, Z. , "Financial Development, Investment, and Growth". *Economic Inquiry*, No. 38, 2000, pp. 331 – 344.

157. Yao Shujie and Zhang Zongyi, "On Regional Inequality and Diverging Clubs: A Case study of Contemporary China". *J. Comp. Econ. ,*

Vol. 29, No. 3, 2001, pp. 466 – 484.

158. Yiuman Sue and Eric Oxios, "Trading Costs, Investor Recognition and Market Response: An Ananlysis of Firms that Move from the Amex (NASDAQ) to NASDAQ (Amex)". *Journal of Banking and Finance*, Vol. 28, 2004, pp. 63 – 83.

# 致　谢

　　光阴荏苒，三年的博士后学习生活即将结束。当我花费一年多的时间收集数据、整理文献，并将博士后出站报告完稿之时，才发觉自己在学术道路又一次经历着艰辛的历程。在这个过程中，有喜有悲、有苦有乐。而这其中，也包含着太多人的关心、爱护和帮助，在此只能简言致谢，而感恩之心却将永远！

　　首先，感谢我的合作导师郭道扬教授。导师的渊博学识和严谨学风，给予我深刻影响。他不仅把我带进了学术的殿堂，还给了我不畏艰险的力量和追求真理的勇气。本书的选题、开题、起草、定稿等，更是饱含着导师的心血。郭老师不仅给予我学术上的指导，更以自身的亲身经历教会我如何做人和待人，师恩浩荡，当永远铭记在心！

　　还要感谢中南财经政法大学的张龙平教授、张敦力教授、张志宏教授、何威风教授、我的博士导师廖洪教授，他们在本书的选题和构架中，都曾给予过精心指导和无私帮助，为我拨正思路、指点迷津。此外，我在中南民族大学管理学院一起工作的领导、同事和我的学生，郑军教授、张振副教授、刘华博士、胡娟等，也曾给予多方面的支持，在此一并致谢！

　　最后，要感谢我的家人。在这三年学习中，父母给予了鼓励，丈夫承担了照顾家庭和女儿的重任，特别是女儿临近高考之际，他们给了我完成博士后工作的信心、动力和各方面的支持！

　　要感谢的人太多，我深深知道，只有在今后的学习和工作中不断进步，才是对上述诸位的最好报答。

翟华云

2015 年 3 月 25 日